Heidegger · Phänomenologische Interpretationen zu Aristoteles
(Anzeige der hermeneutischen Situation)

Martin Heidegger

Phänomenologische Interpretationen zu Aristoteles

(Anzeige der hermeneutischen Situation)

Mit einem Essay von
Hans-Georg Gadamer

Herausgegeben von
Günther Neumann

KlostermannRoteReihe

Der Haupttext der vorliegenden Ausgabe in *Klostermann RoteReihe* ist wort- und seitengleich mit Band 62 der Martin Heidegger Gesamtausgabe. Der Band enthält zusätzlich einen Essay von Hans-Georg Gadamer, erstmals veröffentlicht in Band 6 des Dilthey-Jahrbuchs im Jahr 1989.

Bibliographische Information der Deutschen Nationalbibliothek

Die Deutsche Nationalbibliothek verzeichnet diese Publikation in der Deutschen Nationalbibliographie; detaillierte bibliographische Daten sind im Internet über *http://dnb.dnb.de* abrufbar.

1. Auflage 2013

© Vittorio Klostermann GmbH · Frankfurt am Main · 2005
Alle Rechte vorbehalten, insbesondere die des Nachdrucks und der Übersetzung. Ohne Genehmigung des Verlages ist es nicht gestattet, dieses Werk oder Teile in einem photomechanischen oder sonstigen Reproduktionsverfahren zu verarbeiten, zu vervielfältigen und zu verbreiten.
Gedruckt auf Alster Werkdruck der Firma Geese, Hamburg.
Alterungsbeständig ∞ ISO 9706 und PEFC-zertifiziert.
Satz: Mirjam Loch, Frankfurt am Main
Druck: Wilhelm & Adam, Heusenstamm
Printed in Germany
ISSN 1865-7095
ISBN 978-3-465-04188-7

INHALT

Phänomenologische Interpretationen zu Aristoteles
(Anzeige der hermeneutischen Situation)
Ausarbeitung für die Marburger und die Göttinger
Philosophische Fakultät (Herbst 1922)

Zu Einleitung 11 (345)
Anzeige der hermeneutischen Situation 12 (346)
Ethica Nicomachea VI 42 (376)
Metaphysica A 1 und 2 .... 53 (387)
Physica A–E 57 (391)
Zum zweiten Teil der Untersuchungen: Interpretation
von Metaphysica Z, H, Θ 63 (397)

Hans-Georg Gadamer: Heideggers »theologische«
Jugendschrift (1989) 67

Günther Neumann: Nachwort des Herausgebers 77

PHÄNOMENOLOGISCHE INTERPRETATIONEN ZU ARISTOTELES
(ANZEIGE DER HERMENEUTISCHEN SITUATION)

Ausarbeitung für die Marburger und die Göttinger Philosophische Fakultät
(Herbst 1922)

TEXT DES TYPOSKRIPTS MIT DEN HANDSCHRIFTLICHEN ZUSÄTZEN UND RANDBEMERKUNGEN

*Das Leben wird einen Weg finden,
auch aus dieser Kritik sich zur Phrase zu retten.*[1]

Zu Einleitung[2]

Jede Auslegung hat je nach Sachfeld und Erkenntnisanspruch
1. ihren bestimmt erwachsenen, mehr oder minder ausdrücklich
zugeeigneten und verfestigten *Blickstand.*
2. ihre *Blickhabe.*
3. ihre *Blickbahn.*

Der *Blickstand* umgreift das, ›von wo aus‹ die Auslegung sich
vollzieht, d. h. die jeweilige Daseinsweise der Lebenssituation, in
der sich die Auslegung motiviert.

Die *Blickhabe* betrifft die sachhaltige Vorbestimmtheit dessen,
was thematisch für die Auslegung ergriffen ist: das ›Als Was‹, in
dem im vorhinein der Gegenstand steht.

Die *Blickbahn* – der gegenständliche Zusammenhang, auf *den
hin* der thematische Gegenstand ausgelegt wird, das, *woraufhin*
er, in der entscheidend ansetzenden Interpretationsfrage, abgehört wird – was demnach die Bahn des interpretierenden Bestimmens vorzeichnet.

Nur soweit eine Auslegung nach diesen Hinsichten bestimmt
und als solche ergriffen wird, ist die in ihr erwachsende Gegenstandsaneignung eine ›sachliche‹. Diese Blick-stand, -habe und
-bahn ausbildende Klärung der Auslegung bringt sie [in] Stand
und Halt, d. h. in eine ausdrücklich ergriffene Situation. Die Auslegungssituation ist hermeneutisch durchsichtig. Die Hermeneutik jeder konkreten Auslegungssituation, d. h. jeder historischen

---

[1] [Das Motto ist ein handschriftlicher Zusatz auf S. 1 des Typoskripts nach der
Hauptüberschrift.]

[2] [Handschriftliches Vorblatt, vermutlich nachträglich verfaßt aus dem Rückblick auf das Ganze des Textes.]

Geisteswissenschaft, ist keine Sache nachhinkenden, leeren philosophischen Reflektierens, sondern gehört mit zum eigensten Vollzug der jeweiligen Interpretation selbst. In ihr entscheidet sich das Ausmaß der Möglichkeiten des Zugehens auf und des Umgehens mit dem thematischen Gegenstand.

*

Der folgende Entwurf bewegt sich auf einer ›mittleren Linie‹, d. h. aus dem Geläufigen bestimmter phänomenologischer Fragestellung her zeigt er eine ursprünglichere an.

Nicht dagegen ist – *um überhaupt ein Verständnis zu erzielen* – der Sachgehalt der verarbeiteten Untersuchungen, wie es sich eigentlich ›gehört‹, aus der ursprünglichen Problematik der Faktizität rein exponiert.[3]

Anzeige der hermeneutischen Situation[1]

Die folgenden Untersuchungen dienen einer Geschichte der Ontologie und Logik. Als *Interpretationen* stehen sie unter bestimmten Bedingungen des Auslegens und Verstehens. Der Sachgehalt jeder Interpretation[2], das ist der thematische Gegenstand im Wie seines Ausgelegtseins, vermag nur dann angemessen für sich selbst zu sprechen, wenn die jeweilige hermeneutische Situation, auf die jede Interpretation relativ ist, als genügend deutlich ausgezeichnet verfügbar gemacht wird.

Jede Auslegung hat je nach Sachfeld und Erkenntnisanspruch 1. ihren mehr oder minder ausdrücklich zugeeigneten und verfe-

---

[3] [Beide Absätze handschriftlicher Zusatz auf dem oberen Blattrand der S. 1 des Typoskripts.]

[1] [Beginn der maschinenschriftlichen Fassung des Typoskripts.]

[2] [Handschriftlicher Zusatz auf dem linken Blattrand:] Seinscharakter der Interpretation! – Zeitigt das Sosein – Wie. [Interpretation] ist: historisch*sein* schon ergriffenhaben!

stigten *Blickstand*,⁵ 2. eine hieraus motivierte *Blickrichtung*, in der sich bestimmt das ›als was‹, in dem der Interpretationsgegenstand vorgrifflich genommen und das ›woraufhin‹, auf das er ausgelegt werden soll, 3. eine mit Blickstand und Blickrichtung ausgegrenzte *Sichtweite*, innerhalb deren der jeweilige Objektivitätsanspruch der Interpretation sich bewegt. Soweit als die Situation, *in* der und *für* die sich eine Auslegung zeitigt, nach den besagten Hinsichten erhellt wird, ist der mögliche Auslegungs- und Verstehensvollzug und die darin erwachsende Gegenstandsaneignung durchsichtig. Die jeweilige Hermeneutik der Situation hat deren Durchsichtigkeit auszubilden und sie als hermeneutische mit in den Ansatz der Interpretation zu bringen.⁴

Die Situation der Auslegung, als der verstehenden Aneignung des Vergangenen, ist immer solche einer lebendigen Gegenwart. Die Geschichte selbst, als im Verstehen zugeeignete Vergangenheit, wächst hinsichtlich ihrer Erfaßbarkeit mit der Ursprünglichkeit der entscheidenden Wahl und Ausformung der hermeneutischen Situation. Vergangenheit öffnet sich nur nach Maßgabe der Entschlossenheit und Kraft des Aufschließenkönnens, über die eine Gegenwart verfügt. Die Ursprünglichkeit einer philosophischen Interpretation bestimmt sich aus der spezifischen Sicherheit, in der philosophische Forschung sich selbst und ihre Aufgaben hält. Die Vorstellung, die philosophische Forschung von sich selbst und der Konkretion ihrer Problematik hat, entscheidet auch schon ihre Grundhaltung zur Geschichte der Philosophie. Was für die philosophische Problematik das eigentlich befragte

---

⁵ [Handschriftlicher Zusatz auf dem unteren Blattrand mit Zuordnungszeichen:] Primär ist: *Blickhabe* — Vorbestimmung dessen, *was* überhaupt ausgelegt werden soll, *was* es ist, *als was* zu nehmen. Ontologie (in welchem Sinne) des *Lebens*, Seienden — als wie ausgeformte, wie vorliegend und als was zugänglich?

⁴ [Handschriftlicher Zusatz am Absatzende:] Die Ausbildung der hermeneutischen Situation ist das *Ergreifen* der faktischen ›Bedingungen‹ und ›Voraussetzungen‹ der philosophischen Forschung. Eigentliche Voraussetzungen nicht dazu da, ›bedauert‹ und ›notgedrungen zugestanden‹ zu werden als Phänomene der Unvollkommenheit, sondern *gelebt* zu werden; d.h. aber nicht ›unbewußt‹ auf sich beruhen lassen, ihnen aus dem Wege gehen, sondern als *solche ergreifen*, d. h. aber sich in das *Historische* stoßen.

Gegenstandsfeld ausmacht, das bestimmt die Blickrichtung, in die hinein Vergangenheit allein gestellt werden kann. Dieses Hineindeuten ist nicht nur nicht wider den Sinn historischen Erkennens, sondern geradezu die Grundbedingung, um Vergangenheit überhaupt zum Sprechen zu bringen. Alle Auslegungen im Felde der Geschichte der Philosophie und gleicherweise in andern, die darauf halten, gegenüber problemgeschichtlichen ›Konstruktionen‹ nichts in die Texte hineinzudeuten, müssen sich dabei ertappen lassen, daß sie ebenso hineindeuten, nur ohne Orientierung und mit begrifflichen Mitteln disparatester und unkontrollierbarer Herkunft. Man hält die Unbekümmertheit um das, was man ›eigentlich macht‹, und die Unkenntnis über die dabei verwandten Mittel für ein Ausschalten jeglicher Subjektivität.[5]

Die Klärung der hermeneutischen Situation für die folgenden Interpretationen und damit die Ausgrenzung ihres thematischen Feldes erwächst aus der Grundüberzeugung: Philosophische Forschung ist ihrem Seinscharakter nach etwas, was eine ›Zeit‹ – sofern sie nicht lediglich bildungsmäßig darum besorgt ist – sich nie von einer anderen erborgen kann; aber auch etwas, das – so es sich und seinen möglichen Leistungssinn im menschlichen Dasein verstanden hat – nie mit dem Anspruch wird auftreten wollen, kommenden Zeiten die Last und die Bekümmerung radikalen Fragens abnehmen zu dürfen und zu können. Die Wirkungsmöglichkeit einer zur Vergangenheit gewordenen philosophischen Forschung auf ihre Zukunft kann nie in den Resultaten als solchen gelegen sein, sondern gründet in der je erreichten und konkret ausgebildeten Frageursprünglichkeit, durch die sie als Problem weckendes Vorbild stets neu Gegenwart zu werden vermag.

Der Gegenstand der philosophischen Forschung ist das *menschliche Dasein* als von ihr befragt auf seinen Seinscharakter.

---

[5] [Handschriftliche Zusätze am Absatzende:] (Vgl. Mss. Hm., S. 43–98). [Das genannte Manuskript über Hermeneutik konnte nicht identifiziert werden.]
Die Unempfindlichkeit und Sorglosigkeit gegenüber der eigenen und dabei oft verworrenen, zufällig aufgerafften hermeneutischen Situation legt man sich aus als Unvoreingenommenheit.

Anzeige der hermeneutischen Situation

Diese Grundrichtung des philosophischen Fragens ist dem befragten Gegenstand, dem faktischen Leben, nicht von außen angesetzt und aufgeschraubt, sondern ist zu verstehen als das explizite Ergreifen einer Grundbewegtheit des faktischen Lebens selbst, das in *der* Weise ist, daß es in der konkreten Zeitigung seines Seins um sein Sein besorgt ist, und das auch dort, wo es sich selbst aus dem Wege geht. Das faktische Leben hat den Seinscharakter, daß es an sich selbst schwer trägt. Die untrüglichste Bekundung davon ist die Tendenz des faktischen Lebens zum Sichsleichtmachen. In diesem an sich selbst schwer Tragen *ist* das Leben dem Grundsinne seines Seins nach, nicht im Sinne einer zufälligen Eigenschaft, schwierig. Wenn es eigentlich ist, was es ist, in diesem Schwer- und Schwierigsein, dann wird die genuin angemessene Zugangsweise zu ihm und die Verwahrungsweise seiner nur in einem Schwermachen bestehen können. Philosophische Forschung kann nur, wenn anders sie nicht von Grund aus ihren Gegenstand verfehlen will, an diese Pflicht gehalten sein. Alles Leichtmachen[6] aber, alles verführerische Sichanbiedern an Bedürfnisse, alle metaphysischen Beruhigungen in den meist nur angelesenen Nöten, das leistet in seiner Grundabsicht schon Verzicht darauf, den Gegenstand der Philosophie je in Blick und Griff zu bekommen und gar zu behalten. Ihre eigene Geschichte ist demnach für die philosophische Forschung dann und nur dann in einem relevanten Sinne gegenständlich da, wenn sie nicht mannigfaltige Merkwürdigkeiten, sondern radikal einfache *Denkwürdig*keiten[7] hergibt und so die verstehende Gegenwart nicht so sehr zu Zwecken der Kenntnisbereicherung ablenkt, als

---

[6] [Handschriftlicher Zusatz über dem Zeilenbeginn:] Nicht Gedanken *angaffen*, die andere gedacht haben!
[7] [Handschriftlicher Zusatz auf dem oberen Blattrand mit doppeltem Zuordnungszeichen, d.h. zweifacher Zuordnung zum Text:] ›*Tradition*‹: gerade das Ungeschichtliche; in ihr Vergangenheit nicht da als das, was sie ist, d. h. als das andere und als Rückstoß auf Gegenwart – sondern als Gegenwart undecidiert im durchschnittlichen gleich-gültigen ›Zunächst‹. In Tradition keine angeeignete Vergangenheit (weder hermeneutische Situation noch der vergangene Wasgehalt).
[Zweite Zuordnung zu »konstitutiv« auf S. 350 oben.]

vielmehr zur Steigerung der Fraglichkeit sie gerade auf sich selbst zurückstößt. So bekümmerte Aneignung der Geschichte besagt aber, und gar für eine Gegenwart, in deren Seinscharakter das historische Bewußtsein konstitutiv[7] ist: radikal verstehen, was jeweilen eine bestimmte vergangene philosophische Forschung in *ihrer* Situation und *für* diese in ihre Grundbekümmerung stellte; *verstehen*, das heißt nicht lediglich zur konstatierenden Kenntnis nehmen, sondern das Verstandene im Sinne der eigensten Situation und für diese ursprünglich *wiederholen*. Das geschieht aber am allerwenigsten in der Übernahme von Theoremen, Sätzen, Grundbegriffen und Prinzipien und in der irgendwie geleiteten Erneuerung derselben. Verstehende Vorbildnahme, der es um sich selbst geht, wird von Grund aus die Vorbilder in die schärfste Kritik stellen und zu einer möglichen fruchtbaren Gegnerschaft ausbilden.

Das faktische Dasein ist, was es ist, immer nur als das voll eigene, nicht das Überhauptdasein irgendwelcher allgemeiner Menschheit, für die zu sorgen lediglich ein erträumter Auftrag ist. *Kritik* der Geschichte ist immer nur Kritik der Gegenwart. Kritik kann nicht der naiven Meinung sein, der Geschichte vorrechnen zu können (dürfen)[8], wie sie es hätte machen sollen, wenn ...[9, 10]; sie hat vielmehr den Blick auf die Gegenwart zu halten und darauf zu sehen, daß sie so fragt, wie es der ihr erreichbaren Ursprünglichkeit gemäß ist.[11] Die Geschichte wird nicht

---

[7] [Handschriftlicher Zusatz (mit zweifacher Zuordnung zum Text) s. Anm. 7 auf S. 349.]

[8] [Handschriftlicher stenographischer Zusatz über »können«.]

[9] [Handschriftlicher stenographischer Zusatz über den Punkten:] sie bei Genüge [?] gewiß wäre.

[10] [Handschriftlicher Zusatz auf dem unteren Blattrand:] Man ›treibt‹ Geschichte! statt sie zu ›sein‹! Man *ist* sie nicht deshalb, weil das ›schön‹ ist, ›geistig mächtig‹, ›Achtung vor der Vergangenheit‹, Pietät, oder Zeugnis eines überlegenen Weitblicks, der nicht naiv sich selbst verabsolutiert! Wo man Geschichte ›treibt‹, ist das Historische verschwunden!

[11] [Handschriftlicher Zusatz auf dem oberen Blattrand über dieser Zeile:] Daß Vergangenheit in Existenz zurückstößt, für uns überhaupt *Dasein* als solches zeigen soll, muß sie als Existenz nicht [als] etwas *angeschaut*, sondern getragen [?]

negiert, weil sie >falsch< ist, sondern sofern sie in der Gegenwart noch wirksam bleibt, ohne noch eigentlich zugeeignete (und zueigenbare)[12] Gegenwart sein zu können. Die Fixierung der historischen Grundhaltung der Interpretation erwächst aus der Explikation[13] des Sinnes der philosophischen Forschung. Als deren Gegenstand wurde anzeigenderweise bestimmt das *faktische menschliche Dasein als solches*. Die konkrete Auszeichnung der philosophischen Problematik ist aus diesem ihrem Gegenstand zu erheben. Daher wird eine erste vorbereitende Abhebung des spezifischen Gegenstands- und Seinscharakters des faktischen Lebens notwendig. Aber nicht allein deshalb, weil es *Gegenstand* der philosophischen Forschung ist, sondern weil diese selbst ein bestimmtes *Wie* des faktischen Lebens ausmacht und als solches in ihrem Vollzuge das jeweilige konkrete Sein des Lebens an ihm selbst mitzeitigt, nicht erst in nachträglicher >Anwendung<. Die Möglichkeit solcher Mitzeitigung gründet darin, daß philosophische Forschung der explizite Vollzug einer Grundbewegtheit des faktischen Lebens ist und sich ständig innerhalb desselben hält.

In dieser Anzeige der hermeneutischen Situation sollen die Strukturen des Gegenstandes >faktisches Leben< nicht konkret ausgezeichnet und in ihren konstitutiven Verzahnungen gefaßt werden, sondern lediglich schon durch die Aufzählungen der wichtigsten konstitutiven Elemente der Faktizität soll das mit diesem Terminus Gemeinte in den Blick gebracht und für die konkrete Untersuchung als *Vorhabe* verfügbar gemacht werden.

Die verwirrende Vieldeutigkeit des Wortes >Leben< und seine Verwendung darf nicht der Anlaß werden, es einfach abzusetzen. Man begibt sich damit der Möglichkeit, den Bedeutungsrichtungen nachzugehen, die ihm nun einmal eignen und die allein

---

werden! – als etwas, was noch sich in unser Dasein hinein und dieses in Verfall treibt.

[12] [Handschriftlicher stenographischer Zusatz.]

[13] [Handschriftlicher Zusatz, darübergeschrieben:] des Seinscharakters – Wieder und *in* der Faktizität.

ermöglichen, zur jeweils bedeuteten Gegenständlichkeit vorzudringen. Dazu ist grundsätzlich im Auge zu behalten, daß der Terminus ζωή, vita, ein Grundphänomen bedeutet, in dem die griechische, die alttestamentliche, die neutestamentlich-christliche und die griechisch-christliche Interpretation menschlichen Daseins zentrierten. Die Vieldeutigkeit des Terminus wird in dem bedeuteten Gegenstand selbst ihre Wurzeln haben. Für die Philosophie kann die Unsicherheit der Bedeutung nur der Anlaß dazu sein, sie zu beseitigen, bzw. sie, wenn sie als eine notwendige in ihrem Gegenstand gründen sollte, zu einer ausdrücklich angeeigneten und durchsichtigen zu machen. Die Einstellung auf Vieldeutigkeit (πολλαχῶς λεγόμενον) ist kein bloßes Herumstochern in isolierten Wortbedeutungen, sondern Ausdruck der radikalen Tendenz, die bedeutete Gegenständlichkeit selbst zugänglich und die Motivquelle der verschiedenen Weisen des Bedeutens verfügbar zu machen.[14]

Der Grundsinn der faktischen Lebensbewegtheit ist das *Sorgen* (curare)[15]. In dem gerichteten, sorgenden ›Aussein auf etwas‹ ist das Worauf der Sorge des Lebens da, die jeweilige *Welt*. Die Sorgensbewegtheit hat den Charakter des *Umgangs* des faktischen Lebens mit seiner Welt. Das Worauf der Sorge ist das Womit[16] des Umgangs. Der Sinn von Wirklichsein und Dasein der Welt gründet in und bestimmt sich aus ihrem Charakter als Womit des sorgenden Umgangs. Die Welt ist da als schon immer irgendwie *in Sorge genommene* (gestellte)[17]. Die Welt artikuliert sich nach den möglichen Sorgensrichtungen als *Umwelt, Mitwelt und Selbstwelt.* Entsprechend ist das Sorgen die Sorge des Auskommens, des Berufes, des Genusses, des Ungestörtseins, des Nichtumkommens,

---

[14] [Handschriftlicher Zusatz am Absatzende:] Leben – Welt – |Sein|.

[15] [Handschriftlicher Zusatz auf dem unteren Blattrand mit Zuordnungszeichen:] *recuratio:* das Historische! – darin die höchste Seinsverwahrung.

[16] [Handschriftlicher Zusatz auf dem unteren Blattrand mit Zuordnungszeichen:] Das Womit verliert und bekommt nie den bloßen Schemencharakter einer Kulisse, wenn der Seinscharakter von Umgang (d. h. Umgang als faktisch) verstanden wird (nicht etwa als Erlebnis).

[17] [Handschriftlich darübergeschrieben.]

Anzeige der hermeneutischen Situation 353

des Vertrautseins mit, des Wissens um, Kenntnishabens von[18], des Festmachens des Lebens in seinen Endabsichten.

Die Bewegtheit des *Besorgens*[19, 20] zeigt mannigfaltige Weisen des Vollzugs und des Bezogenseins auf das Womit des Umgangs: Hantieren an, Bereitstellen von, Herstellen von, Sicherstellen durch, in Gebrauchnehmen von, Verwenden für, in Besitznehmen von, in Verwahrung halten und in Verlust geraten lassen. Das je diesen Weisen entsprechende Womit des verrichtenden Umgangs steht dabei jeweils in einer bestimmten Bekanntheit und Vertrautheit.[21] Der sorgende Umgang hat sein Womit immer in einer bestimmten Sicht; im Umgang ist lebendig, ihn mitzeitigend und führend, die *Umsicht*. Das Sorgen ist sich umsehen, als umsichtiges zugleich besorgt um die Umsichtsausbildung, um Sicherung und Steigerung der Vertrautheit mit dem Umgangsgegenstand. Das Umgangswomit ist in der Umsicht im vorhinein aufgefaßt als ..., orientiert auf ..., ausgelegt als ... Das Gegenständliche ist da als so und so bedeutendes, die Welt begegnet im Charakter der Bedeut*samkeit*. Der sorgende Umgang hat nicht nur die Möglichkeit, sondern auf Grund einer ursprünglichen Bewegtheitstendenz des faktischen Lebens die Geneigtheit, die Sorge des Ausrichtens aufzugeben. In dieser Sperrung der Tendenz auf besorgenden Umgang wird dieser zu einem lediglichen sich Umsehen ohne Absehen auf Verrichtung und Ausrichtung. Das Sichumsehen gewinnt den Charakter des bloßen *Hinsehens* auf.[22] In der Sorge des Hinsehens, der Neugier (cura, curiositas), und für sie ist die Welt da, nicht als Womit des verrichtenden Umgangs, sondern lediglich in der Hinsicht auf ihr *Aussehen*. Das Hinsehen vollzieht sich als hinsehendes, an- und besprechendes[23] Bestim-

---

[18] [Handschriftliche Einfügung nach »Wissens um«.]
[19] [Handschriftlicher Zusatz über der Zeile:] *Seins*charakter betonen.
[20] [Handschriftlicher Zusatz zu »Besorgens«:] → einführen.
[21] [Handschriftlicher Zusatz:] Leben Welt.
[22] [Handschriftlicher Zusatz auf dem unteren Blattrand mit Zuordnungszeichen:] Das Leben hat jetzt sein Sein in der *Sorge* des Hinsehens. Möglichkeit eines eigenen βίος.
[23] [Handschriftliche Einfügung nach »hinsehendes«.]

men und kann sich organisieren als *Wissenschaft*. Diese ist demnach eine vom faktischen Leben für dieses gezeitigte Weise des hinsehend besorgten Umgangs mit der Welt. Als solche Umgangsbewegtheit ist sie eine Seinsweise des faktischen Lebens und bildet dessen Dasein mit aus. Der jeweilig erzielte Bestand an Hinsichtlichkeit (Bestimmtheit der gegenständlichen Zusammenhänge der Welt hinsichtlich ihres Aussehens) verwächst mit der Umsicht[24]. Das Sichumsehen vollzieht sich in der Weise des *Ansprechens* und *Besprechens* der Umgangsgegenständlichkeit. Die Welt begegnet immer in einer bestimmten Weise des Angesprochenseins, des Anspruchs (λόγος).

Der Umgang nimmt im Sichentledigen der Verrichtungstendenzen einen *Aufenthalt*. Das Hinsehen wird selbst ein eigenständiger Umgang, und als solches ist es ein bestimmendes Sich*auf*halten bei dem Gegenständlichen im Sich*ent*halten von Bewerkstelligung. Die Gegenstände sind da als *bedeutsame*, und erst in bestimmt gerichteter und gestufter Theoretisierung erwächst aus dem faktischen Begegnischarakter der Welt (dem Bedeutsamen) Gegenständliches im Sinne des bloß Sach- und Dinghaften.[25]

Das faktische Leben bewegt sich jederzeit in einer bestimmten überkommenen, umgearbeiteten oder neuerarbeiteten *Ausgelegtheit*.[26] Die Umsicht stellt dem Leben seine Welt bei als ausgelegt auf die Hinsichten, in denen sie als Besorgnisgegenstand begegnet und erwartet, in Aufgaben gestellt und als Zuflucht gesucht wird. Diese meist unausdrücklich verfügbaren Hinsichten, in die das faktische Leben auf dem Wege der Gewohnheit mehr hin-

---

[24] [Handschriftlicher Zusatz auf dem oberen Blattrand mit Zuordnungszeichen:] Mit dieser eignet sich das Leben je einen eigenen Seinsstand, zugleich aber neue Möglichkeiten seiner eigenen Fraglichkeit zu.

[25] [Handschriftlicher Zusatz am Absatzende:] *Umsicht* betrifft das unabgehobene *Weltleben* – Sorgen und Bedeutsamkeit – Abgehobenes eingeschmolzen; unabgehobene Lebens*aus*legung. Warum Auslegung? Umsehendes ansprechendes Welt*leben*.

[26] [Handschriftliche Randbemerkung:] Vgl. Beilagen [im vorliegenden Band Anhang III B, S. 401 ff.]

ein*gerät* als daß es sie ausdrücklich sich zueignet, zeichnen der Sorgensbewegtheit (dem Besorgen und dem umsehenden An- und Besprechen)²⁷ die Vollzugsbahnen vor. Die Ausgelegtheit der Welt ist faktisch die, in der das Leben selbst steht. In ihr ist richtungshaft mit festgelegt, wie das Leben sich selbst in die Sorge nimmt, das heißt aber, es ist mitangesetzt ein bestimmter Sinn von Lebensdasein, das ›Als was‹ und das ›Wie‹, in dem der Mensch sich selbst in der eigenen Vorhabe hält.²⁸

Die Sorgensbewegtheit ist kein für sich ablaufender *Vorgang* des Lebens im Gegenüber der daseienden Welt. Die Welt ist *im* Leben und *für* es da. Das aber nicht im Sinne des bloßen Vermeint- und Betrachtetseins.²⁹ Diese Weise des Weltdaseins zeitigt sich nur dann, wenn das faktische Leben einen Aufenthalt in seiner besorgenden Umgangsbewegtheit macht. Dieses Dasein der Welt – das als Wirklichkeit und Realität oder gar noch in der bedeutsamkeitsverarmten Gegenständlichkeit der Natur meist den Ausgang erkenntnistheoretischer *und ontologischer* Problematik abgeben muß – ist nur, was es ist, als erwachsen aus einer bestimmten *Aufenthaltsnahme* (als Im-Sein-Begegnenlassen)³⁰. Diese ist als *solche* eine in und für die Grundbewegtheit des *besorgenden* Umgangs.

Das Besorgen ist aber seinerseits nicht nur überhaupt und in seiner ursprünglichen Intentionalität auf seine Welt bezogen. Die Besorgensbewegtheit ist kein indifferenter Vollzug, derart, daß mit ihm überhaupt nur im Leben etwas geschieht und es

---

[27] [Handschriftliche Einfügung.]
[28] [Handschriftlicher Verweis:] Vgl. S. 15, *16* [im vorliegenden Band unten S. 362 f., *363 f.*].
[29] [Handschriftlicher Zusatz auf dem oberen Blattrand mit Zuordnungszeichen:] Leben ist gerade als seinsmäßiges Haben einer (seiner) Welt. Welt ist nicht etwas, was nachträglich dem Leben sich erschließt oder nicht, sondern Leben besagt: in einer Welt *Sein*, und zwar Sein im Sinne des besorgenden Umgehens mit ihr. Das Sein des Lebens ist ›*verfallen*‹ dem Sein seiner Welt. Im Umgang (im Sorgen) ist die Welt schon irgendwie erschlossen; als irgendwie erschlossen ist sie für Leben – als umsichtiges besorgendes – zugleich *verschlossen*; das ›schon‹ ist gerade seinsmäßig für das Leben das ›Noch nicht‹ seiner ei[genen] Sorgensbewegtheit.
[30] [Handschriftliche Einfügung.]

selbst ein Vorgang wäre. In der Sorgensbewegtheit ist lebendig eine *Geneigtheit* des Sorgens zur Welt als der *Hang* zum Aufgehen in ihr, zu einem Sichmitnehmenlassen *von* ihr. Dieser Hang der Besorgnis ist der Ausdruck einer faktischen Grundtendenz des Lebens zum *Abfallen* von sich selbst und darin zum *Verfallen* an die Welt und hierin zum *Zerfall* seiner selbst. Dieser Grundcharakter der Sorgensbewegtheit sei terminologisch fixiert als die *Verfallensgeneigtheit* des faktischen Lebens (oder kurz das *Verfallen*[31] an –), womit zugleich der Richtungs*sinn* und das intentionale Worauf der Sorgenstendenz angezeigt ist. Das Verfallen ist nicht als objektives Geschehen und etwas, was im Leben lediglich ›passiert‹, sondern als *intentionales* Wie zu verstehen. Dieser Hang ist das innerste *Verhängnis*, an dem das Leben faktisch trägt. Das Wie dieses Tragens an ihm selbst als die Weise, in der das Verhängnis ›ist‹, muß mit diesem selbst als ein Konstitutivum der Faktizität angesetzt werden.

Dieser Bewegtheitscharakter ist keine zeitweise auftauchende schlechte Eigenschaft, die in fortgeschritteneren und glücklicheren Zeiten der Menschheitskultur wegzukultivieren wäre. Sie ist das so wenig, daß solche Ansetzungen des menschlichen Daseins in einer zu erreichenden Vollkommenheit und himmlischen Natürlichkeit selbst nur Ausladungen gerade dieser Verfallensgeneigtheit zur Welt sind. Leben wird dabei im Augenschließen vor seinem eigensten Seinscharakter – in der Indifferenz einer beliebigen Harmlosigkeit belassen – weltlich[32] gesehen als ein zu idealer Gestalt herstellbarer Umgangsgegenstand, in die Sorge gestellt[33] als das Worauf schlichten Besorgens.

Daß das faktische Leben in seiner Verfallensgeneigtheit zu einer solchen welthaften Auslegung seiner selbst kommt, darin drückt sich eine Grundeigentümlichkeit dieser Bewegtheit aus:

[31] [Handschriftlicher Zusatz auf dem unteren Blattrand mit Zuordnungszeichen:] der ausdrücklich organisierte Verfall in der ›philosophischen‹ Auslegung als ›*Verhärtung*‹. Welt – Kultur – ›Gerechtigkeit‹.
[32] [Handschriftlich korrigiert und ergänzt von zuvor:] ... vor seinem eigensten Bewegtheitscharakter welthaft ...
[33] [Handschriftliche Einfügung nach »Umgangsgegenstand«.]

sie ist für das Leben selbst *versucherisch*[34], sofern sie ihm von der Welt her Möglichkeiten des idealisierenden Sichleichtnehmens und damit des Sichverfehlens in den Weg breitet. Die Verfallenstendenz ist als versucherische zugleich *beruhigend*[35] (in der öffentlichen Befindlichkeit)[36], d. h., sie hält das faktische Leben in den Lagen seiner Verfallenheit fest, so zwar, daß das Leben diese Lagen als Quasisituationen der unbekümmerten Sicherheit und der idealsten Wirkungsmöglichkeiten anspricht und besorgend ausformt.[37] (*Situation* des faktischen Lebens bezeichnet im Unterschied von *Lage* die als verfallende durchsichtig gemachte und in der jeweiligen konkreten Bekümmerung als der möglichen Gegenbewegung zum verfallenden Sorgen *ergriffene* Standnahme des Lebens.) Als beruhigend ist die Versuchung ausbildende Verfallenstendenz *entfremdend,*[38] das heißt, das faktische Leben wird im Aufgehen in seiner besorgten Welt sich selbst mehr und mehr fremd, und die sich selbst überlassene und sich als *das* Leben vorkommende Sorgensbewegtheit nimmt ihm mehr und mehr die faktische Möglichkeit, in der Bekümmerung[39] sich selbst in den Blick und damit als Ziel des aneignenden Rückgangs zu nehmen. Die Verfallenstendenz ist in ihren drei Bewegungscharakteren des Versuchens, Beruhigens und Entfremdens die Grundbe-

---

[34] [Handschriftliche Erläuterung auf dem oberen Blattrand mit Zuordnungszeichen:] der verfallende Seinscharakter der vorauseilenden und vorauswertenden Erkenntnis, von der sich Leben ziehen läßt!

[35] [Handschriftliche Erläuterung auf dem unteren Blattrand:] Die Gewohnheit, die das Verfallen an ihm selbst für sich selbst als Schutz und Wehr ausbildet.

[36] [Handschriftlicher Zusatz.]

[37] [Handschriftlicher Zusatz auf dem linken Blattrand:] *Aufsteigerung!*

[38] [Handschriftlicher Zusatz auf dem linkem Blattrand:] Das Dasein in eben seiner Selbstauslegung und Befindlichkeit des Glaubens sich selbst am ehesten in der *Welt* und *andererseits geschichtlich* zu denken.

[39] [Handschriftliche Fußnote nur in dem an Georg Misch in Göttingen übersandten Exemplar des Typoskripts:] Bekümmerung bedeutet nicht eine Stimmung mit kummervoller Miene, sondern das faktische Entschiedensein, das Ergreifen der *Existenz* (vgl. S. 13 [im vorliegenden Band unten S. 360 f.]) als des zu Besorgenden. Nimmt man ›Sorgen‹ als *vox media* (die an sich selbst als Bedeutungskategorie ihren Ursprung im Ansprechen der Faktizität hat), dann ist die Bekümmerung die Sorge der Existenz (genetivus obiectivus).

wegtheit nicht nur des ausrichtenden, herstellenden Umgangs, sondern auch der Umsicht selbst und ihrer möglichen Eigenständigkeit, des Hinsehens und des erkennend bestimmenden Ansprechens und Auslegens. Das faktische Leben nimmt sich und besorgt sich nicht nur als bedeutsames Vorkommnis und als Wichtigkeit der Welt, sondern spricht auch die *Sprache* der Welt, sooft es mit sich selbst spricht.

An der Verfallensgeneigtheit liegt es, daß das faktische Leben, das eigentlich je solches des Einzelnen ist, meist nicht als dieses gelebt wird. Es bewegt sich vielmehr in einer bestimmten *Durchschnittlichkeit* des Sorgens, des Umgangs, der Umsicht, des An- und Besprechens und überhaupt des Weltnehmens[40]. Diese Durchschnittlichkeit ist die der jeweiligen *Öffentlichkeit*, der Umgebung, der herrschenden Strömung, des ›So wie die vielen Andern auch‹. Das ›*man*‹ ist es, das faktisch das einzelne Leben lebt – man besorgt, man sieht, urteilt, man genießt, man betreibt und fragt. Das faktische Leben wird gelebt von dem ›*Niemand*‹, dem alles Leben seine Besorgnis opfert.[41] Es ist als immer irgendwie festgefahren in uneigentlicher Tradition und Gewöhnung. Aus diesen erwächst das Bedürfen und in diesen werden die Wege seiner Erfüllung in Besorgen eingeschlagen. In der Welt, in der es aufgeht, in der Durchschnittlichkeit, in der es umgeht, verbirgt sich das Leben vor sich selbst. Die Verfallenstendenz ist das SichselbstausdemWeggehen des Lebens. Die schärfste Bekundung dieser Grundbewegtheit gibt das faktische Leben selbst durch die Weise, wie es zum *Tod* steht.

So wenig das faktische Leben seinem Seinscharakter nach Vorgang ist, so wenig ist der Tod ein Aufhören vom Charakter des irgendwann eintretenden Abschnappens dieses Vorgangs. Der Tod

---

[40] [Satzende handschriftlich ergänzt von zuvor:] ... des Umgangs, der Umsicht und des Weltnehmens.

[41] [Handschriftlicher Zusatz auf dem unteren Blattrand mit Zuordnungszeichen:] Die ›Allgemeinheit‹ – ›Allgemeingültigkeit‹ die Logik der Herrschaft des ›man‹ in der Philosophie! Desgleichen der Platonismus des Geschichtlichen. Die ›allgemeine Zudringlichkeit‹ eines jeden zu jedem! – zu ausgelegtem Dasein.

ist etwas, was *für* das faktische Leben be*vor* steht, vor dem es steht als einem Unabwendbaren. Das Leben *ist* in der Weise, daß sein Tod immer irgendwie für es da ist, für es in einer Sicht steht, und sei es nur in der Weise, daß ›der *Gedanke an ihn*‹ ausgeschlagen und niedergehalten wird. Gerade darin gibt sich der Tod als *der*⁴² Gegenstand der Sorge, daß er in der Hartnäckigkeit des Bevorstandes als ein *Wie* des Lebens begegnet. Die erzwungene Unbekümmertheit des Sorgens des Lebens um seinen Tod vollzieht sich in der Flucht in die welthaften Besorgnisse. Das Wegsehen vom Tode ist aber doch so wenig ein Ergreifen des Lebens an ihm selbst, daß es gerade ein Ausweichen des Lebens vor sich selbst und seinem eigentlichen Seinscharakter wird. Das Bevorstehendhaben des Todes in der Weise sowohl der fliehenden Besorgnis als [auch] der zugreifenden Bekümmerung ist konstitutiv für den Seinscharakter der Faktizität. Im *zugreifenden* Haben des *gewissen* Todes wird das Leben an ihm selbst sichtbar. Der so seiende Tod gibt dem Leben⁴³ eine Sicht und führt es ständig mit vor seine eigenste Gegenwart und Vergangenheit, die in ihm selbst anwachsend hinter ihm her kommt.

Es ist ein auf dem Wege bloßer nachträglicher Ergänzung nicht wieder gutzumachendes Versäumnis, wenn immer wieder versucht wird, den *Gegenstands-* und Seinscharakter des faktischen Lebens ohne den grundsätzlichen *und die Problematik führenden* Mitansatz des *Todes* und des ›den Tod Habens‹ zu bestimmen. Die hier bezeichnete rein konstitutiv ontologische Problematik des Seinscharakters des Todes hat nichts zu tun mit einer Metaphysik der Unsterblichkeit und des ›Wasdann?‹. Der als *bevor*stehend gehabte Tod in der ihm eigenen Weise des Sichtbarmachens der Lebensgegenwart und Vergangenheit (Histor[isches])⁴⁴ ist als Konstitutivum der Faktizität zugleich das Phänomen, aus dem die spezifische ›*Zeitlichkeit*‹ menschlichen Daseins explikativ zu erheben ist. Aus dem Sinn *dieser Zeitlich-*

---

⁴² [Stenographischer Zusatz nicht entziffert.]
⁴³ [Handschriftlicher Zusatz nach »Leben«:] ein Sein und
⁴⁴ [Handschriftliche Einfügung.]

*keit*⁴⁵ bestimmt sich der Grundsinn des *Historischen* und nie in der formalen Analyse der Begriffsbildung einer zufällig⁴⁶ bestimmten gerichteten⁴⁶ Geschichts*schreibung*.

Die angezeigten konstitutiven Charaktere der Faktizität, das Sorgen, die Verfallenstendenz, das Wie des den Tod Habens, scheinen aber dem zuwider zu laufen, was als Grundeigentümlichkeit des faktischen Lebens herausgehoben wurde, daß es ein Seiendes ist, dem es in der Weise seiner Zeitigung (als faktisches Weltleben)⁴⁷ auf sein eigenes Sein ankommt. Aber das scheint nur so. In allem Sichausdemwegegehen ist das Leben faktisch für es selbst da; im ›Wegvonihm‹ *stellt* es sich gerade und jagt hinter dem Aufgehen in welthafter Besorgnis her. Das ›Aufgehen in‹ hat wie jede Bewegtheit der faktischen Zeitlichkeit in ihm selbst eine mehr oder minder ausdrückliche und uneingestandene *Rück*sicht auf das, wovor es flieht. Das Wovor seines Fliehens ist aber das Leben selbst als die faktische Möglichkeit, ausdrücklich ergriffen zu werden, als Gegenstand der Bekümmerung.

Jeglicher Umgang hat seine Umsicht, die ihm sein Womit in der jeweils erreichbaren Eigentlichkeit in den führenden Vorblick bringt. Das in der Faktizität selbst zugängliche Sein des Lebens an ihm selbst⁴⁸ ist solcher Art, daß es nur auf dem *Umwege*⁴⁹ über die Gegenbewegung gegen das verfallende Sorgen sichtbar und erreichbar wird. Diese Gegenbewegung als Bekümmerung

---

⁴⁵ [Handschriftlicher Zusatz auf dem oberen Blattrand mit Zuordnungszeichen:] Zeitlichkeit – Tod, entscheidend Einmaligkeit! Dieses ›Einmal‹ ist radikal ›Alles‹ des Lebens.

[Zeitlichkeit] ist nicht ein Quantitativum und solches Nacheinander, sondern existenziell *faktische* Sprünge; die *Kontinuität* imgleichen *je* ein Sprung (προαίρεσις!), imgleichen das Wie des Erwartens!

⁴⁶ [Stenographische Einfügung (je ein Wort).]

⁴⁷ [Handschriftliche Einfügung.]

⁴⁸ [Handschriftlicher Zusatz auf dem linken Blattrand:] der Hang und die Negation als Grundexistenzial.

⁴⁹ [Handschriftlicher Zusatz auf dem linken Blattrand:] Noch schärfer nehmen *Umweg über* – behält seine Herkunft, d.h. Leben *ist*, in jeder seiner Seinsweisen, historisch; was ihm ›passiert‹, ›was es je ist‹ bewegt sich im *Hang*, ›bleibt hängen‹ in ihm; der *Hang zu* einem Hängen an und in.

um das Nichtinverlustgeraten des Lebens ist die Weise, in der sich das mögliche ergriffene eigentliche Sein des Lebens zeitigt.[50] Dieses im faktischen Leben für es selbst zugängliche Sein seiner selbst sei bezeichnet als *Existenz*. Das faktische Leben ist als existenzbekümmertes *umwegig*. Die Möglichkeit, das Sein des Lebens bekümmert zu ergreifen, ist zugleich die Möglichkeit, Existenz zu verfehlen.[51] Die je mögliche Existenz des faktischen Lebens ist als verfehlbare an ihr selbst für das Leben im Grunde fragwürdig. Die Möglichkeit der Existenz ist immer *die* der konkreten Faktizität als ein Wie der Zeitigung dieser in ihrer Zeitlichkeit. Was die Existenz sei, kann direkt und allgemein überhaupt nicht gefragt werden. Sie wird an ihr selbst nur einsichtig im Vollzug des Fraglichmachens der Faktizität, in der jeweiligen konkreten *Destruktion* der Faktizität auf ihre Bewegtheitsmotive, Richtungen und willentlichen Verfügbarkeiten.[52]

Die Gegenbewegung gegen die Verfallenstendenz darf nicht ausgelegt werden als Weltflucht (sowenig wie Verfallen als Ver-

[50] [Handschriftlicher Zusatz auf dem unteren Blattrand:] d. h. mit der bekannten Intentionalität ist nur ein ›Zunächst‹ getroffen – in einem verfallenden Hinsehen auf und hinsehenden Mitgehen mit ›Erlebnissen‹ (innere Wahrnehmung). Urphänomen, aus dem ›Intentionalität‹ eine Ausladung ist – noch verdeckt; nur zugänglich im radikalen Auslegen der *vollen* Faktizität: *das Grundexistenzial*.

Das ›Nein‹ | der Ent - schluß
| ← | - | →
faktisch = in Bewegung = historisch.

[51] [Handschriftlicher Zusatz auf dem oberen Blattrand mit Zuordnungszeichen:] Die ergriffene Möglichkeit – existenzielles Fragen (bin ›ich‹) – ist ein sich selbst auf sich selbst ›ins Leere‹ Stellen des Lebens; ›bin‹ – welche Seinsvorhabe – woher? wie verbürgt? *Faktisch* fragen *im* konkreten Besorgen. Welt ist ›da‹ und gerade als solche hat sie nichts zu sagen.

Die *Verlassenheit* – die ergriffene – und seiend *immer* verfallende. Existenzieller Sinn = Aufgegebenhaben (›verlassen worden sein von‹) im *Entscheid*. Das *Sein* im bekümmernden Fragen, d. h. Auslegungshinsicht auf Faktizität als solche, die nichts von Welt erwartet. Nicht weltliche Verlassenheit der Stimmung, die ja gerade weltliches Ruhekissen will, nach *ihr* sieht.

[52] [Handschriftlicher Zusatz am Absatzende:] Destruktion ihrer nach faktizitätsmäßiger (existenzieller) Vorhabe und Vorgriff seienden Ausgelegtheit (das Was im Wie dieser).

weltlichung — Übel)[55]. Aller Weltflucht ist es eigen, nicht das Leben in seinem existenziellen Charakter zu intendieren, das heißt in seiner wurzelhaften Fragwürdigkeit zu ergreifen, sondern es in eine neue beruhigende *Welt* hineinzubilden. Durch die Bekümmerung um die Existenz wird an der faktischen Lage des jeweiligen Lebens nichts geändert. Anders wird das Wie der Lebensbewegtheit, das als solches nie Sache einer Öffentlichkeit und des ›*man*‹ werden kann. Die Besorgnis im Umgang ist eine um das Selbst bekümmerte. Die Bekümmerung des faktischen Lebens um seine Existenz ist ihrerseits nicht ein Sichzergrübeln in egozentrischer Reflexion, sie ist, was sie ist, nur als Gegenbewegung gegen die Verfallenstendenz des Lebens, das heißt, sie ist gerade in der je konkreten Umgangs- und Besorgensbewegtheit. Das ›*Gegen*‹ als das ›*Nicht*‹ bekundet dabei eine ursprüngliche seinskonstitutive Leistung. Hinsichtlich ihres konstitutiven Sinnes hat die Negation den ursprünglichen Primat vor der Position. Und das deshalb, weil der Seinscharakter des Menschen faktisch in einem Fallen, in dem welthaften Hang bestimmt ist. Der Sinn dieser Urtatsache selbst und der Sinn dieser Tatsächlichkeit als solcher kann, wenn überhaupt, nur in der *ergriffenen* Faktizität und relativ auf diese interpretiert werden. Der Vollzug der Einsicht und des einsichtnehmenden Ansprechens des Lebens in Hinsicht auf seine existenzielle Möglichkeit hat den Charakter der bekümmerten Auslegung des Lebens auf seinen Seinssinn. Faktizität und Existenz besagen nicht dasselbe, und der faktische Seinscharakter des Lebens ist nicht bestimmt von der Existenz, diese ist nur eine Möglichkeit, die sich zeitigt *in dem* Sein des Lebens, das als faktisches bezeichnet ist. Das besagt aber: in der Faktizität zentriert die mögliche radikale Seinsproblematik des Lebens.

Wenn *erstens* die Philosophie nicht eine erfundene, im Leben nur mitlaufende Beschäftigung mit irgendwelchen ›Allgemeinheiten‹ und beliebig zu setzenden Prinzipien ist, sondern als *fra-*

---

[55] [Handschriftliche Einfügung.]

gendes Erkennen, das heißt als *Forschung*, nur der genuine explizite Vollzug der Auslegungstendenz *der* Grundbewegtheiten des Lebens, in denen es diesem um sich selbst und sein Sein geht – und wenn *zweitens* Philosophie gesonnen ist, das faktische Leben in seiner entscheidenden Seinsmöglichkeit in Sicht und Griff zu bringen, das heißt, wenn sie bei sich selbst radikal und klar ohne Seitenblicke auf weltanschauliche Betriebsamkeiten sich dafür entschieden hat, das faktische Leben von ihm selbst her aus seinen eigenen faktischen Möglichkeiten auf sich selbst zu stellen, das heißt, wenn die Philosophie *grundsätzlich atheistisch* ist[54] und das versteht – dann hat sie entscheidend gewählt und für sich zum Gegenstand erhalten das faktische Leben hinsichtlich seiner Faktizität. Das Wie ihrer Forschung ist die Interpretation dieses Seinssinnes auf seine kategorialen Grundstrukturen: das heißt die Weisen, in denen faktisches Leben sich selbst zeitigt und zeitigend mit sich selbst *spricht* (κατηγορεῖν)[55]. Philosophische Forschung bedarf nicht weltanschaulichen Aufputzes und der übereilten Sorge des Nichtzuspät- und Nochmitkommens in den Wirrnissen einer Gegenwart, sofern sie nur von ihrem ergriffenen Gegenstand her verstanden hat, daß ihr mit diesem die ursprünglichen seinsmäßigen Bedingungen der Möglichkeit jeglicher Weltanschauung als zu befragende anvertraut sind, als etwas, das

---

[54] [Maschinenschriftliche Fußnote des Typoskripts:] ›Atheistisch‹ nicht im Sinne einer Theorie als Materialismus oder dergleichen. Jede Philosophie, die in dem, was sie ist, sich selbst versteht, muß als das faktische Wie der Lebensauslegung gerade dann, wenn sie dabei noch eine ›Ahnung‹ von Gott hat, wissen, daß das von ihr vollzogene sich zu sich selbst Zurückreißen des Lebens, religiös gesprochen, eine Handaufhebung gegen Gott ist. Damit allein aber steht sie ehrlich, d. h. gemäß der ihr als solcher verfügbaren Möglichkeit vor Gott; atheistisch besagt hier: sich freihaltend von verführerischer, Religiosität lediglich beredender Besorgnis. Ob nicht schon die Idee einer Religionsphilosophie, und gar wenn sie ihre Rechnung ohne die Faktizität des Menschen macht, ein purer Widersinn ist?

[55] [Handschriftlicher Zusatz auf dem oberen Blattrand mit Zuordnungszeichen:] Der Sinn der Seinszeitigung dieser Kategorien – des ›Sprechens‹: Sprechen ist ein ἀληθεύειν, Weltgeben, d. h. Sorgen führen, Besorgen zeitigen, d. h. Sein des Lebens; Sprechen als unabgehobenes Sprechen des Weltlebens mit sich selbst in bestimmten *Weisen* des *Welt*besprechens; alles sogenannte ›Prinzipielle‹ in diesem Felde; Fragen der Ordnung; des *Vorzuges*; des Universalen; Allgemeinen.

nur in der Strenge der Forschung sichtbar wird. Diese Bedingungen sind keine ›logischen Formen‹, sondern als kategorial verstandene auch schon die in echte Verfügbarkeit genommenen Möglichkeiten faktischer Zeitigung der Existenz.

Die Problematik der Philosophie betrifft das *Sein* des faktischen Lebens. Philosophie ist in dieser Hinsicht *prinzipielle Ontologie*, so zwar, daß die bestimmten einzelnen welthaften regionalen Ontologien von der Ontologie der Faktizität her Problemgrund und Problemsinn empfangen. Die Problematik der Philosophie betrifft das Sein des faktischen Lebens im jeweiligen Wie des Angesprochen- und Ausgelegtseins. Das heißt, Philosophie ist als Ontologie der Faktizität zugleich kategoriale Interpretation des Ansprechens und Auslegens, das heißt *Logik*.

Ontologie *und* Logik sind in die Ursprungseinheit der Faktizitätsproblematik zurückzunehmen und zu verstehen als[56] die Ausladungen[57] der prinzipiellen Forschung, die sich bezeichnen läßt als die *phänomenologische Hermeneutik der Faktizität*.

Philosophische Forschung hat die je konkreten Auslegungen des faktischen Lebens, die der Sorgensumsicht und der Bekümmerungseinsicht, in ihrer faktischen Einheit der Zeitigung des Lebens kategorial durchsichtig zu machen hinsichtlich ihrer *Vorhabe* (in welchen Grundsinn von *Sein* Leben sich selbst stellt) und mit Bezug auf ihren *Vorgriff* (in welchen Weisen des Ansprechens und Besprechens faktisches Leben zu sich und mit sich selbst spricht). Die Hermeneutik ist *phänomenologische*, das besagt: ihr Gegenstandsfeld, das faktische Leben hinsichtlich des Wie seines Seins und Sprechens, ist thematisch und forschungsmethodisch als *Phänomen* gesehen.[58] Die Gegenstandsstruktur,

---

[56] [Handschriftlicher Zusatz mit Zuordnungszeichen:] (faktische, geschichtliche Ausladungen – nicht genuin radikale Ausformung des ursprünglich zentral gestellten Problems).

[57] [Mit Verbindungsstrich zugeordneter handschriftlicher Zusatz:] abgesetzte und verfallene, tradierte Ansatz- und Frageweisen; abgesetzte Wege (vor allem Logik ›scheinbar‹ radikalen Fragens).

[58] [Handschriftlicher Zusatz auf dem linken Blattrand:] rein anzeigend! ohne Direktion aus der Faktizitätsproblematik.

die etwas als Phänomen charakterisiert, die *volle Intentionalität* (das Bezogensein auf, das Worauf des Bezugs als solches, der Vollzug des Sichbeziehens, die Zeitigung des Vollzugs, die Verwahrung der Zeitigung) ist keine andere als die des Gegenstandes vom Seinscharakter des faktischen Lebens. Die Intentionalität, lediglich genommen als Bezogensein auf, ist der erste *zunächst* abhebbare phänomenale Charakter der Grundbewegtheit des Lebens, das ist des *Sorgens*.[59] Phänomenologie ist, was sie bei ihrem ersten Durchbruch in Husserls »Logischen Untersuchungen« schon *war*, radikale philosophische Forschung selbst. Man hat die Phänomenologie in ihren zentralsten Motiven nicht ergriffen, wenn man in ihr nur – wie das zum Teil innerhalb der phänomenologischen Forschung selbst geschieht – eine philosophische Vorwissenschaft zu Zwecken der Bereitstellung klarer Begriffe sieht, mit deren Hilfe dann erst irgendeine *eigentliche* Philosophie soll ins Werk gesetzt werden. Als ob man philosophische Grundbegriffe deskriptiv klären könnte, ohne die zentrale und stets neu zugeeignete Grundorientierung am Gegenstand der philosophischen Problematik selbst!

Damit ist der *Blickstand* angezeigt, den die folgenden Interpretationen als phänomenologische und als Untersuchungen zur Geschichte der Ontologie und Logik nehmen. Die Idee der phänomenologischen Hermeneutik der Faktizität schließt in sich die Aufgaben der formalen und materialen Gegenstandslehre und Logik, der Wissenschaftslehre, der ›Logik der Philosophie‹, der ›Logik des Herzens‹, ›Logik des Schicksals‹[60], der Logik des ›vortheoretischen und praktischen‹ Denkens, und das nicht als zusam-

---

[59] [Handschriftlicher Zusatz auf dem unteren Blattrand mit Zuordnungszeichen:] ›*Intentionalität*‹: der bestimmt formalisierte Seinscharakter des Umgangs; aus der ›psychologischen‹ bzw. ›Bewußtseins‹-theoretischen, ›Erlebnis‹-thematischen Vorhabe herauszunehmen!

[›*Intentionalität*‹:] in »Logischen Untersuchungen« und später zwar noch echtes, aber abgefallenes formales Gegenstandsfeld blinder Explikation.

[Vgl. insbes. Edmund Husserl, Logische Untersuchungen. Bd. II/1. V. Über intentionale Erlebnisse und ihre ›Inhalte‹. Zu den Ausgaben s. Anhang II, Nachschrift Bröcker Nr. 10, oben S. 310 f., Anm. 6.]

[60] [Handschriftliche Einfügung.]

menfassender Sammelbegriff, sondern zufolge ihrer Wirkungskraft als prinzipieller Ansatz der philosophischen Problematik.

Noch *ist aber nicht verständlich geworden*, was für eine solche Hermeneutik geschichtliche Untersuchungen sollen und warum gerade *Aristoteles* in das Thema der Untersuchung gestellt ist, wie ferner diese zu bewerkstelligen sein wird. Die Motivationen der bestimmten *Blickrichtungen* (-habe und -bahn)[61] ergeben sich aus der *konkreten* Fassung des Blickstandes. In der Idee der Faktizität liegt es, daß je nur *die eigentliche* – im Wortsinne verstanden: *die eigene* – die der eigenen Zeit und Generation der genuine Gegenstand der Forschung ist. Ob seiner Verfallensgeneigtheit lebt das faktische Leben zumeist im Uneigentlichen, das heißt im Überkommenen, in dem, was ihm zugetragen wird, was es sich durchschnittsweise aneignet. Selbst was als eigentlicher Besitz ursprünglich ausgebildet ist, verfällt an Durchschnitt und Öffentlichkeit, verliert den spezifischen Herkunftssinn aus seiner ursprünglichen Situation und kommt freischwebend in die Üblichkeit des ›man‹. Von diesem Verfallen ist jeglicher Umgang und jegliche Umsicht des faktischen Lebens, nicht zuletzt sein eigener Auslegungsvollzug nach Vorhabe und Vorgriff, betroffen. In dieser Bewegtheit der Faktizität steht auch, weil sie nur explizite Auslegung des faktischen Lebens ist, die *Philosophie* in der Weise ihres Gegenstandnehmens, des Befragens seiner und des Antwortfindens und -bereithabens.[62]

Die phänomenologische Hermeneutik der Faktizität setzt hiernach selbst innerhalb ihrer faktischen Situation notwendig an einer bestimmten vorgegebenen, sie selbst zunächst tragenden und nie ganz abzustoßenden Ausgelegtheit des faktischen Lebens. Nach dem über die Verfallenstendenz jeglicher Auslegung Gesagten wird gerade ›*das Selbstverständliche*‹ dieser Ausgelegtheit, das von ihr nicht Diskutierte, das für eine weitere Klärung für unbedürftig Gehaltene *das* sein, was *uneigentlich*, ohne ausdrückliche

[61] [Handschriftliche Einfügung.]
[62] [Satzende handschriftlich korrigiert und ergänzt von zuvor:] ... in der Weise ihres Fragens und Antwortfindens.

Anzeige der hermeneutischen Situation

Aneignung von seinen Ursprüngen her, die herrschende Wirkungskraft der Problemvorgabe und der Führung des Fragens behält.

Das vom faktischen Leben selbst vollzogene Ansprechen und Auslegen seiner selbst läßt sich Blickbahn und Spruchweise von dem welthaft Gegenständlichen vorgeben. Wo menschliches Leben, das Dasein, der Mensch Gegenstand des auslegend bestimmenden Fragens ist, steht diese Gegenständlichkeit in der Vorhabe als welthaftes Vorkommnis, als ›Natur‹[65] (das Seelische wird verstanden als Natur, desgleichen Geist und Leben in der hierauf analogen kategorialen Artikulation). Daß wir heute noch von der ›Natur‹ des Menschen, der Seele, überhaupt der ›Natur der Sache‹ sprechen und dieses Gegenständliche kategorial auch so besprechen, das heißt in den einer bestimmten Explikation, einer bestimmt gesehenen ›Natur‹ entwachsenden Kategorien, hat seine geistesgeschichtlichen Motive. Auch da, wo grundsätzlich die Gegenstände nicht mehr als ›Substanzen‹ im rohen Sinne angesprochen werden (wovon übrigens Aristoteles weiter entfernt war, als gemeinhin gelehrt wird) und wo die Gegenstände nicht nach ihren okkulten Qualitäten befragt werden, bewegt sich die Lebensauslegung doch in Grundbegriffen, Frageansätzen und Explikationstendenzen, die in Gegenstandserfahrungen entsprungen sind, über die wir heute längst nicht mehr verfügen.

Die Philosophie der heutigen Situation bewegt sich zum großen Teil uneigentlich in der *griechischen* Begrifflichkeit, und zwar in einer solchen, die durch eine Kette von verschiedenartigen Interpretationen hindurchgegangen ist. Die Grundbegriffe haben ihre ursprünglichen, auf bestimmt erfahrene Gegenstandsregionen bestimmt zugeschnittenen Ausdrucksfunktionen eingebüßt. Bei aller Analogisierung und Formalisierung aber, die sie durchgemacht haben, hält sich ein bestimmter Herkunftscharakter durch, sie tragen noch ein Stück echter Tradition ihres ursprünglichen Sinnes bei sich, sofern an ihnen noch die Bedeu-

---

[65] [Handschriftlicher Zusatz:] (das aber noch nicht in der neuzeitlichen *theoretischen* Sinngebung).

tungsrichtung auf ihre gegenständliche Quelle nachweisbar wird. Die Philosophie der heutigen Situation bewegt sich bei der Ansetzung der Idee des Menschen, der Lebensideale, der Seinsvorstellungen vom menschlichen Leben in Ausläufern von Grunderfahrungen, die die griechische Ethik und vor allem die christliche Idee des Menschen und des menschlichen Daseins gezeitigt haben. Auch antigriechische und antichristliche Tendenzen halten sich grundsätzlich in denselben Blickrichtungen und Auslegungsweisen. Die phänomenologische Hermeneutik der Faktizität sieht sich demnach, sofern sie der heutigen Situation durch die Auslegung zu einer radikalen Aneignungsmöglichkeit mitverhelfen will – und das in der Weise des konkrete Kategorien vorgebenden Aufmerksammachens –, darauf verwiesen, die überkommene und herrschende Ausgelegtheit nach ihren verdeckten Motiven, unausdrücklichen Tendenzen und Auslegungswegen aufzulockern und im *abbauenden Rückgang* zu den ursprünglichen Motivquellen der Explikation vorzudringen. *Die Hermeneutik bewerkstelligt ihre Aufgabe nur auf dem Wege der Destruktion.* Philosophische Forschung ist, sofern sie die Gegenstands- und Seinsart ihres thematischen Worauf (Faktizität des Lebens) verstanden hat, im radikalen Sinne ›historisches‹ Erkennen. Die destruktive Auseinandersetzung mit ihrer Geschichte ist für die philosophische Forschung kein bloßer Annex zu Zwecken der Illustration dessen, wie es früher gewesen ist, keine *gelegentliche* Umschau darüber, was die Andern früher ›gemacht‹ haben, keine Gelegenheit zum Entwerfen unterhaltsamer weltgeschichtlicher Perspektiven. Die Destruktion ist vielmehr der eigentliche Weg, auf dem sich die Gegenwart in ihren eigenen Grundbewegtheiten begegnen muß, und zwar so begegnen, daß ihr dabei aus der Geschichte die ständige Frage entgegenspringt, wie weit sie (die Gegenwart) selbst um Aneignungen radikaler Grunderfahrungsmöglichkeiten und deren Auslegungen bekümmert ist. Die Tendenzen auf eine radikale Ursprungslogik und die Ansätze zu Ontologien gewinnen damit eine prinzipielle kritische Erhellung. Die lediglich schon durch den konkreten Vollzug der Destruktion entspringende Kritik gilt dabei nicht der Tatsache, *daß* wir überhaupt in einer Tradition stehen, sondern dem *Wie*. Was wir nicht ursprünglich auslegen und ebenso ausdrücken, das haben wir nicht in eigentlicher Verwahrung. Sofern es das faktische Leben ist, das heißt zugleich die in ihm gelegene Möglichkeit einer Existenz, was in zeitigende Verwahrung gebracht werden soll, verzichtet dieses Leben mit der Ursprünglichkeit der Auslegung auf die Möglichkeit, sich selbst wurzelhaft in Besitz zu bekommen, das heißt zu *sein*.

Die Verschlungenheit der entscheidenden konstitutiven Wirkungskräfte des Seinscharakters der heutigen Situation soll im Hinblick auf das Faktizitätsproblem kurz als die *griechisch-christliche Lebensauslegung* bezeichnet sein. Darin sollen auch die von ihr bestimmten, auf sie relativen antigriechischen und antichristlichen Auslegungstendenzen mitbeschlossen werden. Die in solcher Auslegung angesetzte Idee des Menschen und des menschlichen Daseins bestimmt die philosophische Anthropologie *Kants* und die des deutschen Idealismus. *Fichte, Schelling und Hegel* kommen von der *Theologie* und nehmen von da die Grundtriebe ihrer Spekulation mit. Diese Theologie wurzelt in der reformatorischen, der nur in ganz geringem Ausmaß eine genuine Explikation der neuen religiösen Grundstellung *Luthers* und ihrer immanenten Möglichkeiten gelang. Diese Grundstellung ihrerseits ist erwachsen aus seiner ursprünglich zugeeigneten Paulus- und Augustinus-Auslegung bei einer gleichzeitigen Auseinandersetzung mit der spätscholastischen Theologie (Duns Scotus, Occam, Gabriel Biel, Gregor von Rimini).

Die Gottes-, Trinitäts-, Urstands-, Sünden- und Gnadenlehre der Spätscholastik arbeitet mit den begrifflichen Mitteln, die Thomas von Aquin und Bonaventura der Theologie beigestellt haben. Das besagt aber, die in all diesen theologischen Problembezirken im vorhinein angesetzte Idee des Menschen und des Lebensdaseins gründet in der aristotelischen ›Physik‹, ›Psychologie‹, ›Ethik‹ und ›Ontologie‹, wobei die aristotelischen Grundlehren in bestimmter Auswahl und Auslegung zur Verarbeitung kommen.

Zugleich ist entscheidend mitwirksam Augustin und durch diesen der Neuplatonismus und durch den letzteren wieder in einem stärkeren als gewöhnlich angenommenem Ausmaße *Aristoteles*. Diese Zusammenhänge sind nach ihren rohen literargeschichtlichen Filiationen mehr oder minder bekannt. Eine eigentliche Interpretation mit der zentralen Fundierung in der exponierten philosophischen Grundproblematik der Faktizität fehlt völlig. Die Durchforschung des Mittelalters ist nach den leitenden Hinsichten in den Schematismus einer neuscholastischen Theologie und in den Rahmen eines neuscholastisch ausgeformten Aristotelismus gespannt. Es gilt zunächst überhaupt, die Wissenschaftsstruktur der mittelalterlichen Theologie, ihre Exegese und Kommentation als bestimmt vermittelte Lebensauslegungen zu verstehen. Die theologische Anthropologie ist auf ihre philosophischen Grunderfahrungen und Motive zurückzuverfolgen, so zwar, daß mit Bezug auf sie erst die Einflußkraft und Weise der Umbildung verständlich wird, die von der jeweiligen religiösen und dogmatischen Grundstellung ausging.[64] Die hermeneutische Struktur der Kommentation der Sentenzen des Petrus Lombardus, die bis zu Luther die eigentliche Entwicklung der Theologie trägt, ist als solche nicht nur nicht freigelegt, es fehlt dazu *überhaupt an den Frage- und Ansatzmöglichkeiten*. Schon allein, *was* in der Weise und in welcher Auswahl aus Augustin, Hieronymus, Joh. Damascenus[65] in die Sentenzen einging, ist von Bedeutung für die Entwicklung der mittelalterlichen Anthropologie. Um für diese Umbildungen überhaupt einen Maßstab zu haben, muß eine Interpretation der Augustinischen Anthropologie zur Ver-

---

[64] [Maschinenschriftliche Fußnote des Typoskripts:] Die Hymnologie und Musik des Mittelalters, ebenso wie seine Architektur und Plastik sind geistesgeschichtlich nur zugänglich auf dem Boden einer ursprünglichen phänomenologischen Interpretation der philosophisch-theologischen Anthropologie dieses Zeitalters, die sich mit- und umweltlich in Predigt und Schule mitteilte. Solange diese Anthropologie nicht explizit zugeeignet ist, bleibt der ›gotische Mensch‹ eine Phrase.

[65] [Johannes von Damaskus (um 650 – vor 754), dessen »Expositio fidei« in Anlehnung an die »Sententiae« (verfaßt um 1150) des Petrus Lombardus (1095/1100 – 1160) später vielfach »Sententiae Damasceni« genannt wurden.]

fügung stehen, die nicht etwa nur seine Werke exzerpiert nach Sätzen zur Psychologie am Leitfaden eines Lehrbuches der Psychologie oder Moraltheologie. Das Zentrum einer solchen Interpretation Augustins auf die ontologisch-logischen Grundkonstruktionen seiner Lebenslehre ist in den Schriften zum pelagianischen Streit und seiner Lehre von der Kirche zu nehmen. Die hier wirksame Idee des Menschen und des Daseins weist in die griechische Philosophie, die griechisch fundierte patristische Theologie, in die paulinische Anthropologie und in die des Johannesevangeliums.

Im Aufgabenzusammenhang der phänomenologischen Destruktion ist nicht das Wichtige, lediglich bildhaft die verschiedenen Strömungen und Abhängigkeiten aufzuzeigen, sondern je an den entscheidenden Wendepunkten der Geschichte der abendländischen Anthropologie im ursprünglichen Rückgang zu den Quellen die zentralen ontologischen und logischen Strukturen zur Abhebung zu bringen. Diese Aufgabe ist nur zu bewerkstelligen, wenn eine vom Faktizitätsproblem, das heißt einer *radikalen phänomenologischen Anthropologie* her orientierte konkrete Interpretation der aristotelischen Philosophie verfügbar gemacht ist.

Im Lichte des angesetzten Faktizitätsproblems ist *Aristoteles* nur die Vollendung und konkrete Ausformung der vorangegangenen Philosophie; zugleich aber gewinnt Aristoteles in seiner »Physik« einen prinzipiellen neuen Grundansatz, aus dem seine Ontologie und Logik erwachsen, von denen dann die oben schematisch rückläufig gekennzeichnete Geschichte der philosophischen Anthropologie durchsetzt ist. Das zentrale Phänomen, dessen Explikation Thema der Physik wird, ist das Seiende im Wie seines Bewegtseins.

Die literarische Gestalt, in der die aristotelische Forschung überliefert ist (Abhandlungen im Stil der thematischen Exposition und Untersuchung), bietet zugleich den bestimmten methodischen Absichten der folgenden Interpretationen den allein geeigneten Boden. Im Rückgang von Aristoteles wird erst die Seinslehre des Parmenides bestimmbar und als der entscheidende Schritt verständlich, der Sinn und Schicksal der abendländischen Ontologie und Logik entschied.

Die Forschungen zur Erledigung der Aufgabe der phänomenologischen Destruktion nehmen als Ziel die Spätscholastik und die theologische Frühzeit Luthers. Auch sonach umfaßt dieser Rahmen Aufgaben, deren Schwierigkeit nicht leicht zu überschätzen ist. Damit ist aus dem Blickstand (dem Ansatz und der Exposition des Problems der Faktizität) die Grundhaltung zur Geschichte und die Blickrichtung auf Aristoteles bestimmt.

Jede Interpretation muß nach Blickstand und Blickrichtung ihren thematischen Gegenstand *überhellen*. Er wird erst angemessen bestimmbar, wenn es gelingt, ihn nicht beliebig, sondern aus dem zugänglichen Bestimmungsgehalt seiner her ihn zu scharf zu sehen und so durch Zurücknahme der Überhellung auf eine möglichst gegenstandsangemessene Ausgrenzung zurückzukommen. Ein immer nur im Halbdunkel gesehener Gegenstand wird erst im Durchgang durch eine Überhellung gerade in *seiner* halbdunkelen Gegebenheit faßbar. Als überhellende darf aber die Interpretation nicht zu weit fragen und für sich nicht eine im Sinne der historischen Erkenntnis überhaupt phantastische Objektivität beanspruchen, als träfe sie ein ›Ansich‹. Danach überhaupt nur fragen, heißt den Gegenstandscharakter des *Historischen* verkennen. Aus der Nichtvorfindbarkeit eines solchen ›Ansich‹ auf Relativismus und skeptischen Historismus schließen, bedeutet nur die Kehrseite *desselben* Verkennens. Die Übersetzung der interpretierten Texte und vor allem die der entscheidenden Grundbegriffe ist aus der konkreten Interpretation erwachsen und enthält diese gleichsam in nuce. Die Prägungen entspringen nicht einer Neuerungssucht, sondern dem Sachgehalt der Texte.

Nunmehr ist der aus dem Blickstand bestimmte Ansatz der Aristotelesinterpretation verständlich zu machen und auszugsweise der erste Teil der Untersuchungen zu skizzieren.

Die führende Frage der Interpretation muß sein: *als welche Gegenständlichkeit welchen Seinscharakters ist das Menschsein, das ›im Leben Sein‹ erfahren und ausgelegt?* Welches ist der Sinn von

Dasein, in dem die Lebensauslegung den Gegenstand Mensch im vorhinein ansetzt? Kurz, in welcher *Seinsvorhabe* steht diese Gegenständlichkeit? Ferner: Wie ist dieses Sein des Menschen begrifflich expliziert, welches ist der phänomenale Boden der Explikation und welche Seinskategorien erwachsen als Explikate des so Gesehenen?

Ist der Seinssinn, der das Sein des menschlichen Lebens letztlich charakterisiert, aus einer reinen Grunderfahrung eben dieses Gegenstandes und seines Seins genuin geschöpft, oder ist menschliches Leben als ein Seiendes innerhalb eines umgreifenderen Seinsfeldes genommen, beziehungsweise einem für es als archontisch angesetzten Seinssinn unterworfen? Was besagt überhaupt Sein für Aristoteles, wie ist es zugänglich, faßbar und bestimmbar? Das Gegenstandsfeld, das den ursprünglichen Seinssinn hergibt, ist das der *hergestellten*, umgänglich in Gebrauch genommenen Gegenstände. Nicht also das Seinsfeld der *Dinge* als einer *theoretisch* sachhaft erfaßten Gegenstandsart, sondern die begegnende Welt im herstellenden, verrichtenden und gebrauchenden Umgang ist das Worauf, auf das die ursprüngliche Seinserfahrung abzielt. Das in der Umgangsbewegtheit des Herstellens (ποίησις) Fertiggewordene, zu seinem für eine Gebrauchstendenz verfügbaren Vorhandensein Gekommene, ist das, was *ist*. Sein besagt *Hergestelltsein* und, als Hergestelltes, auf eine Umgangstendenz relativ Bedeutsames, Verfügbarsein. Sofern es Gegenstand des Umsehens oder gar des eigenläufigen hinsehenden Erfassens ist, wird das Seiende angesprochen auf sein *Aussehen* (εἶδος). Das hinsehende Erfassen expliziert sich im An- und Besprechen (λέγειν). Das angesprochene Was des Gegenstandes (λόγος) und sein Aussehen (εἶδος) sind in gewisser Weise dasselbe. Das besagt aber, das im λόγος Angesprochene als solches ist das eigentlich Seiende. Das λέγειν bringt in seinem Anspruchsgegenstand das Seiende in seiner aussehensmäßigen Seinshaftigkeit (οὐσία) zur Verwahrung. Οὐσία hat aber die ursprüngliche, bei Aristoteles selbst noch und auch späterhin wirksame Bedeutung des Hausstandes, Besitzstandes, des umweltlich zu Gebrauch Verfügbaren. Es bedeutet die *Habe*. Was am Seienden als sein Sein in umgangsmäßige Verwahrung kommt, was *es* als *Habe* charakterisiert, ist sein *Hergestelltsein*. In der Herstellung kommt der Umgangsgegenstand zu seinem Aussehen.

Das Seinsfeld der Umgangsgegenstände (ποιούμενον, πρᾶγμα, ἔργον κινήσεως) und die Ansprechensweise des Umgangs, ein bestimmt charakterisierter Logos, genauer der Umgangsgegenstand im Wie des Angesprochenseins, kennzeichnet die Vorhabe, aus der die ontologischen Grundstrukturen und damit die Ansprechens- und Bestimmungsweisen hinsichtlich des Gegenstandes ›menschliches Leben‹ geschöpft werden.

Wie erwachsen die ontologischen Strukturen? Als Explikate eines ansprechenden, hinsehenden Bestimmens, das heißt auf dem Wege einer *Forschung*, die das durch eine Grunderfahrung in die bestimmte Vorhabe gebrachte Seinsfeld in bestimmte Hinsichten nimmt und es in diesen artikuliert. Die Forschungen also, deren Gegenstand erfahren und vermeint ist im Charakter des Bewegtseins, in dessen Was im vorhinein mitgegeben ist so etwas wie Bewegung, müssen den möglichen Zugang zur eigentlichen Motivquelle der aristotelischen Ontologie vermitteln. Solche Forschung liegt vor in der »*Physik*« des Aristoteles. Diese Forschung ist interpretationsmethodisch als *volles Phänomen* zu nehmen und zu interpretieren auf ihren Gegenstand im *Wie* des erforschenden Umgangs mit ihm, auf die Grunderfahrung, in der der Gegenstand als Forschungsansatz vorgegeben ist, auf die konstitutiven Bewegtheiten des Forschungsvollzugs und auf die konkreten Weisen des Gegenstandvermeinens und begrifflichen Artikulierens. So wird das Bewegtseiende nach seinem Seinscharakter und Bewegung nach ihrer kategorialen Struktur und damit die ontologische Verfassung des archontischen Seinssinnes sichtbar. Für die phänomenologische Interpretation dieser Forschung ist aber ein Verständnis *des* Sinnes erfordert, in dem Aristoteles überhaupt Forschung und Forschungsvollzug auffaßt. Forschung ist eine Weise des hinsehenden Umgangs (ἐπιστήμη). Sie hat ihre bestimmte Genesis aus dem besorgend gerichteten Umgang und

Anzeige der hermeneutischen Situation

wird erst aus dieser hinsichtlich der Weise ihres Umgehens – das ist des Befragens von etwas auf sein ›Inwiefern‹ (αἴτιον) und sein ›Vonwoaus‹ (ἀρχή) – verständlich. Der Einblick in die Genesis der Forschung wird beigestellt durch die vorgängige Interpretation von Met. A 1 und 2[66]. Das hinsehend bestimmende Verstehen (ἐπιστήμη) ist nur *eine* Weise, in der Seiendes zur Verwahrung kommt: das Seiende, das notwendig und zumeist ist, was es ist. Ein möglicher Umgang im Sinne des ausrichtenden, besorgend überlegenden besteht hinsichtlich *des* Seienden, das auch anders sein kann, als es gerade ist, das im Umgang allererst selbst zu bewerkstelligen, zu behandeln oder herzustellen ist. Diese Weise der Seinsverwahrung ist die τέχνη[67]. Aristoteles interpretiert die je nach den entsprechenden Seinsregionen verschiedenen Weisen der Umgangserhellung (Umsicht, Einsicht, Hinsicht) in einem ursprünglichen Problemzusammenhang als Vollzugsweisen des reinen, überhaupt Sicht gebenden *Vernehmens* auf ihre mögliche Grundleistung der Seinsaneignung und Verwahrung (Eth. Nic. Z). Durch die Interpretation dieses Stückes soll von vornherein der phänomenale Horizont gewonnen werden, in den hinein Forschung und theoretisches Erkennen zu stellen sind als Weisen οἷς ἀληθεύει ἡ ψυχή (1139 b 15). Der erste Teil der Untersuchungen umfaßt sonach die Interpretation von:
1. Eth. Nic. Z.
2. Met. A 1 u. 2.
3. Phys. A, B, Γ 1–3.

---

[66] [Der in den freigelassenen Zwischenraum des Typoskripts nach »Interpretation von« einzusetzende Text fehlt; Stellenangabe Erg. d. Hg.]

[67] [Der in den freigelassenen Zwischenraum des Typoskripts nach »ist die« einzusetzende Text fehlt; griechischer Terminus Erg. d. Hg.]

Ethica Nicomachea VI[1]

Die Interpretation dieser Abhandlung macht unter vorläufigem Absehen von der spezifisch ethischen Problematik[2] die ›dianoetischen Tugenden‹ verständlich als die Weisen des Verfügens über die Vollzugsmöglichkeit echter *Seinsverwahrung*. Σοφία (eigentliches, hinsehendes Verstehen) und φρόνησις (fürsorgende Umsicht) werden interpretiert als die eigentlichen Vollzugsweisen des νοῦς: des reinen *Vernehmens* als solchen. In ihnen wird zugänglich und kommt zu Aneignung und Verwahrung ein je ihrem Vernehmenscharakter entsprechendes Seiendes. Das besagt aber: mit der Interpretation dieser Phänomene ist die Möglichkeit gegeben, das in ihnen jeweils in Verwahrung gebrachte Seiende im Wie seines Vernommenseins und damit hinsichtlich seines genuinen Seinscharakters zu bestimmen und auszugrenzen. So ist der Zusammenhang dieser Interpretation der ›Tugenden‹ mit der angesetzten ontologischen Problematik deutlich. Der prinzipielle phänomenale Struktur-Unterschied der zwei Grundweisen des Vernehmens läßt die je entsprechenden verschiedenen Seinsregionen sichtbar werden. Ἔστω δὴ οἷς ἀληθεύει ἡ ψυχὴ τῷ καταφάναι καὶ ἀποφάναι, πέντε τὸν ἀριθμόν· ταῦτα δ' ἐστὶ τέχνη ἐπιστήμη φρόνησις σοφία νοῦς· ὑπολήψει γὰρ καὶ δόξῃ ἐνδέχεται διαψεύδεσθαι (1139 b 15–18).[3] »Es seien also der Weisen, in denen die Seele Seiendes als unverhülltes in Verwahrung bringt und nimmt – und das in der Vollzugsart des zu- und absprechenden Explizierens –, fünf angesetzt: verrichtend-herstellendes Verfahren, hinsehend-besprechend-ausweisendes Bestimmen, fürsorg-

---
[1] [Siehe Anhang III B, Beilagen, S. 401 ff.]
[2] [Handschriftlicher Zusatz:] Nachklang *alter* Einstellung!
[3] [Nach Heideggers Handexemplar der Ethica Nicomachea (ed. Susemihl, Leipzig 1882), heißt es dagegen καταφάναι ἢ ἀποφάναι. Heideggers Ersetzung von »oder« (ἢ) durch »und« (καὶ) zeigt sich auch in der anschließenden Übersetzung: »Vollzugsart des zu- und absprechenden Explizierens«.]

liches Sichumsehen (Umsicht), eigentlich-sehendes Verstehen, reines Vernehmen. (Nur diese kommen in Frage); denn im Sinne der Dafürnahme und des ›eine Ansicht Habens‹ liegt es, daß sie nicht notwendig das Seiende als unverhülltes geben, sondern so, daß das Vermeinte nur so aussieht *als*, daß es, sich vor das Seiende schiebend, täuscht.« (Vgl. 1141 a 3.) Die hier in Rede stehenden ›Tugenden‹ sind diejenigen Weisen καθ' ἃς [...] μάλιστα [...] ἀληθεύσει [ἡ ψυχή] (1139 b 12 sq.), deren reinem Vollzugscharakter entsprechend die Seele »am meisten« das je vorgegebene Seiende als *unverborgenes* in ursprüngliche Verwahrung gibt. Für das Verständnis der aristotelischen Analyse der genannten Phänomene, ihrer phänomenalen Verschiedenheit und der damit gegebenen verschiedenen konstitutiven Leistung im Vollzug der Seinsverwahrung und schließlich ihres Charakters als je konkreter Vollzugsweisen der Grundlebendigkeit des Vernehmens als solchen (νοῦς, νοεῖν) ist die richtige Interpretation des Sinnes von ἀληθές – ἀλήθεια von grundsätzlicher Bedeutung. Im gleichen macht nur die phänomenologische Fassung des νοῦς den Strukturzusammenhang der Phänomene unter sich verständlich.

Bei der Bestimmung des Sinnes von ›Wahrheit‹ pflegt man Aristoteles als den Urzeugen anzurufen. Nach ihm sei ›Wahrheit‹ etwas, ›was im Urteil vorkommt‹, näherhin die ›Übereinstimmung‹ des Denkens mit dem Gegenstand. Zugleich versteht man diesen Wahrheitsbegriff als die Grundlage der sogenannten ›Abbild-Theorie‹ des Erkennens. Weder findet sich von diesem Wahrheitsbegriff als ›Übereinstimmung‹ noch von der üblichen Auffassung des λόγος als geltendem Urteil und am allerwenigsten von der ›Abbild-Theorie‹ bei Aristoteles eine Spur. Ihn gar – in der Apologetik gegen einen mißverstandenen ›Idealismus‹ – zum Kronzeugen der erkenntnistheoretischen Mißgeburt des sogenannten ›kritischen Realismus‹ machen, heißt die quellenmäßig vorliegende Phänomenlage von Grund aus mißverstehen.

Der Sinn des ἀληθές: als unverborgen da-sein, bzw. an ihm selbst vermeintsein ist in keiner Weise aus dem ›Urteil‹ explikativ geschöpft und daher auch nicht ursprünglich da beheimatet und darauf bezogen. Ἀληθεύειν besagt nicht: »sich der Wahrheit bemächtigen«[4], sondern das je vermeinte und als solches vermeinte *Seiende* als unverhülltes in Verwahrung nehmen.[5, 6]

Die αἴσθησις, das *Vernehmen* im Wie des Sinnlichen, wird nicht erst in *Übertragung* des ›Wahrheitsbegriffes‹ vom λόγος her ›auch‹ wahr genannt, sondern sie ist ihrem eigentlichen intentionalen Charakter nach das, was in sich selbst ursprünglich sein intentionales Worauf ›originär‹ gibt. Das ›ein Gegenständliches als ein unverhülltes Geben‹ ist ihr Sinn. Daher ἡ μὲν γὰρ αἴσθησις τῶν ἰδίων ἀεὶ ἀληθής (De anima Γ 3, 427 b 11 sq.; vgl. cap. 3).[7] Es zeigt sich hier, daß der Ausdruck ›Wahrheit‹ — ›wahr‹ angesichts der vermeinten phänomenalen Sachlage nichtssagend wird. »Falschheit« (ψεῦδος, ψευδές) dagegen gibt es nur, wo »Synthesis« ist: τὸ γὰρ ψεῦδος ἐν συνθέσει ἀεί (De an. Γ 6, 430 b 1 sq.). Sie setzt als Bedingung ihrer Möglichkeit eine *andere* intentionale Struktur des Gegenstandsmeinens voraus, ein Zugehen auf das Seiende in der ›Hinsicht‹ eines anderen Vermeintseins. Da, wo Seiendes nicht schlicht an ihm selbst intendiert ist, sondern *als* das und das, in einem ›Als‹-Charakter, ist das Vernehmen im Wie des *Zusammen-* und *Mitnehmens*. Sofern das Ver-

---

[4] [Handschriftlicher Zusatz:] oder »Wahrheit bekennen« ([Julius] Walter [Die Lehre von der praktischen Vernunft in der griechischen Philosophie. Jena: Mauke 1874], S. 82).

[5] [Fragezeichen (über »nehmen«) und handschriftlicher Zusatz auf dem unteren Blattrand mit Zuordnungszeichen:] Und zwar hat ἀληθεύειν sowenig wie der νοῦς ursprünglich (?) und eigentlich (?) ›theoretischen‹ Charakter — im Gegenteil (?); vgl. Blatt *διάνοια πρακτική*, 1139 a 26 sq. [im vorliegenden Band: Anhang III B, Beilage Nr. 7, S. 407 f.]

Doch! nur ist das θεωρεῖν bzw. ›nicht theoretisch‹ verschieden vom modernen ›theoretisch‹; es liegt nicht am ›Theoretischen‹ (modernen) des νοῦς, sondern am νοῦς-haften des Theoretischen.

Ἀληθεύειν hat ursprünglichen Sinnbezug (*Seins*bezug) zu κίνησις, *Umgang*, und deshalb *θεωρεῖν* das höchste *Sein* als Sein des faktischen Lebens — Bewegtheit; φρόνησις.

[6] [Stenographischer Zusatz am Absatzende, zwei Worte unleserlich (s. Auslassungspunkte):] Das jew[eilig] Begegnende (umweltlich) [...] vor sich haben — (sorgend).

[7] [Handschriftlicher Zusatz auf dem linken Blattrand:] *Seinscharakter.*

nehmen sich (als sinnliches) vollzieht in der Weise des seinen Gegenstand Ansprechens-als und Besprechens-als (im λέγειν), kann es sein, daß sich *dabei* der Gegenstand gibt *als* etwas, was er nicht ist. Die Vermeinenstendenz auf Gegenständliches im >Als< ist aber überhaupt fundierend für die Möglichkeit des ψεῦδος; (ὅτι μὲν γὰρ λευκόν, οὐ ψεύδεται, εἰ δὲ τοῦτο τὸ λευκὸν ἢ ἄλλο τι, ψεύδεται (De an. Γ 3, 428 b 21 sq.). [ἡ αἴσθησις] διανοεῖσθαι δ' ἐνδέχεται καὶ ψευδῶς, καὶ οὐδενὶ ὑπάρχει ᾧ μὴ καὶ λόγος (ib. 427 b 13 sq.)) – nur was vernommen ist in der Weise des Angesprochenseins auf ein >Als<, kann sich *für* solches Ansprechen »als es täuschend« geben. Das >Wahrsein< des λόγος des Ansprechens konstituiert sich seinem Sinne nach erst auf dem Umwege über das ψεῦδος.[8] Der λόγος selbst muß in seinem eigenen *intentionalen* Charakter genommen werden: er ist ἀπόφανσις, vermeinendes, vom Gegenstand her aus diesem schöpfendes (ἀπό), diesen Ansprechen und Besprechen. Entsprechend ist das ἀποφαίνεσθαι zu nehmen: für sich (Medium) den Gegenstand von ihm selbst her >erscheinen< lassen als ihn selbst. Das wird wichtig für die Interpretation der φαντασία.

Das λέγειν gibt das Seiende an ihm selbst, das heißt jetzt, *es* in seinem unverhüllten >Als-Was<, sofern sich nicht ein täuschendes, nur sich *als so* ausgebendes >Was< vorschiebt. Das ψεῦδος als Sichverhüllen hat nur Sinn auf Grund der ursprünglich *nicht* λόγος-bezogenen Bedeutung des ἀληθές: [δόξα] ψευδὴς ἐγίνετο, ὅτε λάθοι μεταπεσὸν τὸ πρᾶγμα (De an. Γ 3, 428 b 8 sq.). Hier ist das *Verborgenbleiben, Verhülltsein* ausdrücklich als den Sinn von ψεῦδος und damit den von >Wahrheit< bestimmend fixiert. Aristoteles sieht das Verborgensein an ihm selbst positiv, und es ist kein Zufall, daß der Sinn von >Wahrheit< für den Griechen sinnmäßig – nicht nur grammatisch – *privativ* charakterisiert ist. Das Seiende im Wie seiner möglichen >Als-Was-Bestimmtheiten< ist nicht einfach da, es ist >Aufgabe<. Und das Seiende im Wie seines

---

[8] [Stenographischer Satz auf dem obersten Blattrand:] Der λόγος ist nicht an ihm selbst und seiner ursprünglichen Struktur nach wie die αἴσθησις *wahr*, sondern *sein* Sinn ist es gerade, wahr oder falsch sein zu können.

Unverhülltseins, ὂν ὡς ἀληθές, ist das, was in Verwahrung genommen werden muß[9] gegen möglichen Verlust. Das ist der Sinn der ἕξεις, αἷς ἀληθεύει ἡ ψυχή; deren höchste eigentliche sind σοφία und φρόνησις, sofern sie je in ihrem Seinsfelde die ἀρχαί in Verwahrung halten. Das ὂν ὡς ἀληθές ist kein eigenes Sein und Seinsfeld oder Geltungsbereich der ›wahren *Urteile*‹, sondern das Seiende an ihm selbst im Wie (ὡς) seines *Da*seins als unverhülltes.[10] Es ist ἐν διανοίᾳ (ἐν τῇ ψυχῇ)[11] als νοητόν, *im* ›Verstand‹[12], als das Worauf *seines (vermeinenden!)*[13] Vernehmens. Diese Interpretation von ἀληθές und ἀληθεύειν, die eine Reihe von lediglich erkünstelten Schwierigkeiten der Auslegung beseitigt, wird durch eine eingehende phänomenologische Analyse von Met. E 4; De an. Γ 5 sqq.; De interpr.; Met. Δ 29; vor allem Met. Θ 10 konkret belegt.

Der λόγος, das λέγειν, ist die[14] Vollzugsweise des νοεῖν[15] und als solches ein διανοεῖσθαι, ein *zer*meinendes Vernehmen: eine διαίρεσις; ἐνδέχεται δὲ καὶ διαίρεσιν φάναι πάντα (De an. Γ 6, 430 b 3 sq.). Das An- und Besprechen, in der Weise des synthetischen Bestimmens, kann auch als Auseinandernehmen, Ex-plizieren angesprochen werden.

Das νοεῖν hat den Grundcharakter des Vernehmens. Der νοῦς ist das Vernehmen schlechthin[16], das heißt das, was ein Worauf für irgendwelchen gerichteten ›Umgang mit‹ überhaupt ermöglicht, vorgibt. Er ist τῷ πάντα ποιεῖν, ὡς ἕξις τις, οἷον τὸ φῶς (De

[9] [Handschriftlicher Zusatz auf dem unteren Blattrand mit Zuordnungszeichen:] Das in Verwahrung Haben ein Wie des Seins (bzw. dieses eigentlich als ein Wie des *Herstellens* ausgelegt). ›Wahr‹heit − Verwahrt-(sein)heit des Unverhüllten. [Stenographischer Nachsatz nicht entzifferbar.]

[10] [Satzende handschriftlich korrigiert von zuvor:] sondern das Seiende selbst im Wie (ὡς) seines unverhüllten Vermeintseins.

[11] [Handschriftliche Einfügung.]

[12] [Handschriftlicher Zusatz:] der Zugang zu − in seinem Sein *rein* − ψυχή!

[13] [Handschriftliche Einfügung.]

[14] [Handschriftlicher Zusatz:] in der ψυχή-bestimmten Seinshaftigkeit ›motivierte‹!! (Beleg?)

[15] [Handschriftlicher Zusatz:] und nicht unbeteiligt an der αἴσθησις.

[16] [Handschriftlicher Zusatz:] in seinem *Sein* ganz und − Zugehen − ganz bei ihm selbst.

an. Γ 5, 430 a 15). Das Vernehmen stellt *alles* her als ein Verfügenkönnen darüber, und zwar so wie das Licht. Der νοῦς gibt überhaupt Sicht, ein Etwas, ein ›Da‹. Der νοῦς ist als das ἴδιον τοῦ ἀνθρώπου in seinem konkreten Vollzug, als ἐνεργείᾳ – als am Werke – seinem Werke – das heißt Sichtgebend, immer solcher *in* einer Weise des konkreten Umgangs mit, in einem Ausrichten, Herstellen, Behandeln, Bestimmen. Sofern er dem Umgang selbst seine Sicht gibt, kann er auch charakterisiert werden als Umgangs*erhellung*, die aber den Sinn der Seinsverwahrung hat. Das genuin Gegenständliche des νοῦς ist das, was er ἄνευ λόγου, ohne die Weise des Ansprechens[17] auf etwas auf seine ›Als-Was-Bestimmungen‹ (οὐ τὶ κατά τινος, ib. 430 b 28 sq.; vgl. Met. Z 4[18]) vernimmt: die ἀδιαίρετα, was an ihm selbst nicht auseinandernehmbar, nicht weiter explikabel ist.[19] Als solcher gibt er Gegenständliches, rein als solches in seinem unverhüllten Was, und als solcher ist er ›nur wahr‹: ἡ μὲν οὖν τῶν ἀδιαιρέτων νόησις ἐν τούτοις, περὶ ἃ οὐκ ἔστι τὸ ψεῦδος (ib. 430 a 26 sq.). Das ›Nur‹ besagt hier: ›überhaupt noch nicht‹ in der Möglichkeit des Falschseins und nicht etwa ›nicht mehr‹ in dieser Möglichkeit. Der νοῦς gibt für jedes konkrete Besprechen[20] diesem sein mögliches Worüber, was letztlich selbst nicht erst im Besprechen als solchem zugänglich werden kann, sondern nur in der ἐπαγωγή (›Induktion‹) – aber im reinen Wortverstande, nicht im Sinne des empirisch aufsammelnden Zusammennehmens, sondern als schlicht-direktes Hinführen zu ..., Sehenlassen von ... Der νοῦς ist αἴσθησίς τις, ein Vernehmen, das das Aussehen der Gegenstände jeweils schlicht vorgibt: ὁ νοῦς εἶδος εἰδῶν καὶ ἡ αἴσθησις

---

[17] [Handschriftlicher Zusatz:] (*nicht* als νοῦς ψυχῆς).
[Handschriftlicher Zusatz auf dem unteren Blattrand (der stenographisch ergänzte Satz nach dem Gedankenstrich konnte nicht entziffert werden):] νοῦς der Seele – [...]
[18] [Verweis auf Met Z 4 handschriftlicher Zusatz.]
[19] [Handschriftlicher Zusatz:] besser: nicht im διά zugänglich – verwahrbar! unverwahrbar im διά.
[20] [Handschriftlicher Zusatz, ein Wort unleserlich (s. Auslassungspunkte):] ([...] *doch* noch in der Struktur des διά, aber das eben vollkommenerweise).

εἶδος αἰσθητῶν (ib. 432 a 2 sq.). Wie die Hand ὄργανόν ἐστιν ὀργάνων (ib.), d. h. wie ein Werkzeug in der Hand erst zu seinem eigentlichen Sein — dem *Werk-Zeugen* — kommt, so ist das *Aussehen* der Gegenstände nur durch den νοῦς und ›*im*‹ νοῦς, als dessen Worauf in Sicht, *es sieht aus*. Sofern ein Gegenstandsfeld als solches in der Aufgabe steht, explizit zugänglich zu werden, und das nicht nur etwa im theoretischen Bestimmen, muß im vorhinein als unverhülltes verfügbar sein das ›Vonwoaus‹ (ἀρχή) des λέγειν. Von der ἀρχή[21] nimmt es, darauf hinblickend, seinen Ausgang, so zwar, daß es diesen Ausgang als ständige Grundorientierung ›im Auge‹ behält. Diese ἀρχαί werden als unverhüllte ausdrücklich in Verwahrung genommen in der ἐπαγωγή· τῶν ἀρχῶν ἐπαγωγή (vgl. 1139 b 31); λείπεται νοῦν εἶναι τῶν ἀρχῶν (1141 a 7 sq.). In diesem zur Verwahrunggeben der je dem Seinsgebiet entsprechenden ἀρχαί liegt die höchste und eigentliche Leistung des νοῦς: μάλιστα ἀληθεύει; die konkreten Vollzugsweisen solcher eigentlichen Seinsverwahrung sind σοφία und φρόνησις.

Das reine hinsehende Verstehen bringt das Seiende, dessen ›Von-Wo-Aus‹ und das selbst *ist* in der Weise, daß es notwendig und immer ist, was es ist, in Verwahrung; das fürsorgend-besprechende Sichumsehen dagegen ein solches Seiendes, das an ihm selbst und dessen ›Von-Wo-Aus‹ *anders sein kann*.

Beide Verwahrungsweisen zeitigen sich μετὰ λόγου, im Vollzugscharakter des besprechenden Explizierens. Dieses ist konstitutiv für sie, sofern sie die ἀρχαί in den Blick nehmen, nicht als für sich isolierte Sachen, sondern *als solche*, d. h. aber in ihrem

---

[21] [Handschriftlicher Zusatz auf dem unteren Blattrand mit Zuordnungszeichen:]
Ἀρχή — *Von wo aus* des vernehmenden Bestimmens;
↘
ἀρχή originär evidente.
Umgekehrt: ἀρχή-Forschung muß das Bestimmen — Seiendes Haben — *dahin zurückbringen*; hier liegt die Aufgabe und das Entscheidende des echten *Aufgriffes*!
Ausgang als Intentionalität verstehen — Ausgehen *von* und dabei es *für* den *Gang* haben; Gehen ist das des Bestimmens; Gehen als im Blick behaltendes, nämlich den *Ausgang*.

eigensten Sinne als ἀρχαί-*für*. Das Wofür kommt als das zu bestimmende Wofür dieser *mit* in Verwahrung. Der λόγος ist ein ὀρθὸς λόγος. Das Besprechen ist solches in einer ursprünglich festgehaltenen *Richtungnahme*, es hat je sein festgemachtes ›Ende‹, worauf es dem Sinn der jeweiligen Verwahrungsweise entsprechend für deren erhellende Explikation ankommt. Die φρόνησις bringt das Worauf des Umgangs menschlichen Lebens mit ihm selbst und das Wie dieses Umgangs in seinem eigenen Sein in Verwahrung. Dieser Umgang ist die πρᾶξις: das sich selbst Behandeln im Wie des nicht herstellenden, sondern nur je gerade *handelnden* Umgehens. Die φρόνησις ist die Leben in seinem *Sein* mitzeitigende Umgangserhellung.

Die konkrete Interpretation[22] zeigt, wie sich in der φρόνησις dieses Seiende konstituiert, der καιρός. Das handelnde, fürsorgliche Behandeln ist immer konkretes im Wie des besorgenden Umgangs mit der Welt. Die φρόνησις macht die Lage des Handelnden zugänglich im Festhalten des οὗ ἕνεκα, Weswegen, im Beistellen des gerade bestimmten Wozu, im Erfassen des ›Jetzt‹ und in der Vorzeichnung des Wie. Sie geht auf das ἔσχατον, Äußerste, in dem sich die bestimmt gesehene konkrete Situation jeweils zuspitzt. Die φρόνησις ist als besprechende, fürsorglich-überlegende nur möglich, weil sie primär eine αἴσθησις ist, ein letztlich schlichtes Übersehen des Augenblicks. Das πρακτόν als das Seiende, das im ἀληθεύειν der φρόνησις unverhüllt verfügbar wird, ist etwas, was *ist* als *noch nicht* das und das Sein. Als ›noch nicht das und das‹, und zwar als Worauf eines Besorgens, *ist* es zugleich *schon* das und das, als das Worauf einer konkreten Umgangsbereitschaft, deren konstitutive Erhellung die φρόνησις ausmacht. Das ›Noch-Nicht‹ und das ›Schon‹ sind in ihrer ›Einheit‹ zu verstehen, d. h. von einer ursprünglichen Gegebenheit her, für die das ›Nochnicht‹ und das ›Schon‹ bestimmte Explikate sind. Bestimmte deshalb, weil dabei das Gegenständliche in einen determinierten Bewegungsaspekt gestellt ist. Der Begriff der στέ-

---

[22] [Handschriftlich Zusatz über der Zeile:] (Vgl. Mss. V, S. 48–162.) [Das Manuskript konnte nicht identifiziert werden.]

ῥῆσις ist die Kategorie der genannten Explikate. In ihr hat die Hegelsche Dialektik ihre geistesgeschichtliche Verwurzelung.

Die ἀλήθεια πρακτική ist nichts anderes als der jeweils unverhüllte volle Augenblick des faktischen Lebens im Wie der entscheidenden Umgangsbereitschaft mit ihm selbst, und das innerhalb eines faktischen Besorgensbezuges zur gerade begegnenden Welt. Die φρόνησις ist *epitaktisch*, sie gibt das Seiende im Charakter des zu Besorgenden, sie bringt und hält jede Augenblicksbestimmtheit, das jeweilige Wie, Wozu, Inwieweit und Warum, in diesem Hinblick. Sie bringt als epitaktische Erhellung den Umgang in die Grundhaltung der Bereitschaft zu ..., des Losbrechens auf ... Das hierin vermeinte Worauf, das Seiende des Augenblicks, steht in der Hinsicht der Bedeutsamkeit für ..., der Besorgbarkeit, des jetzt zu Erledigenden. Die φρόνησις ist ein Hinsehen κατὰ τὸ συμφέρον πρὸς τὸ τέλος (1142 b 32 sq.)[25]. Weil sie die Verwahrungsweise des vollen Augenblicks ist, hält die Umsicht im eigentlichen Sinne das Weswegen des Handelns, seine ἀρχή, in der genuinen Verwahrung. Die φρόνησις ist, was sie ist, immer nur in der konkreten Bezogenheit auf den Augenblick, sie ist da, im Gesehen- und Ergriffensein, in diesem und für diesen.

Die Interpretation charakterisiert zugleich konkret die Methode, in der Aristoteles das Phänomen der φρόνησις expliziert: im deskriptiven Vergleichen und Abscheiden, und zwar nach den verschiedenen phänomenalen Hinsichten des Bezogenseins auf, des Worauf des Bezugs, des Wie des Vollzugs. Die Deskription vollzieht sich immer in der gleichzeitigen Gegeneinanderhaltung der verschiedenen ἕξεις. Besonders instruktiv hierfür ist die Analyse der εὐβουλία, der konkreten Vollzugsweise des der φρόνησις immanenten λέγειν. Sie bringt das Wie des angemessenen und eigentlich zielerreichenden Zuwerkegehens aus dem Augenblick selbst in den umsichtigen Blick.

---

[25] [Nach Heideggers Handexemplar der Ethica Nicomachea (ed. Susemihl, Leipzig 1882) heißt es πρός τι τέλος, im Apparat wird aber die Lesart πρὸς τὸ τέλος genannt.]

Aber nicht nur *das* Seiende und sein Seinscharakter, das die φρόνησις in Verwahrung bringt, wird durch die Interpretation herausgehoben, sie gewinnt zugleich ein erstes Verständnis des Seinscharakters, den die φρόνησις *an ihr selbst* hat. Sie ist ἕξις, ein Wie des Verfügens über Seinsverwahrung. Als ἕξις ist sie aber ein γιγνόμενον τῆς ψυχῆς, was sich im Leben selbst als dessen eigene Möglichkeit zeitigt und dieses in einen bestimmten Stand – in gewisser Weise zu-Stande-bringt. So zeigt sich an der φρόνησις gerade eine *Doppelung* der Hinsicht an, in die der Mensch und das Sein des Lebens gestellt sind, die für das geistesgeschichtliche Schicksal der kategorialen Explikation des Seinssinnes der Faktizität entscheidend wird. In der Umsicht ist das Leben da im konkreten Wie eines Womit des Umgangs. Das Sein dieses Womit ist aber – und das ist schon entscheidend – *nicht positiv hieraus* ontologisch charakterisiert, sondern nur formal als solches, ›das auch anders sein kann‹, ›nicht notwendig und immer ist‹, wie es ist. Diese ontologische Charakteristik ist vollzogen im *negierenden* Gegenhalt gegen anderes und *eigentliches* Sein. Dieses ist seinerseits dem Grundcharakter nach nicht aus dem Sein des menschlichen Lebens als solchen explikativ gewonnen, sondern es entspringt in seiner kategorialen Struktur aus einer *bestimmt vollzogenen, ontologischen Radikalisierung der Idee des Bewegtseienden*[24]. Für dieses selbst und die möglichen Abhebungen seiner Sinnstruktur ist als exemplarisch die Bewegung des *Herstellens* in die Vorhabe gebracht. Sein ist *Fertigsein*, das Sein, in dem die Bewegung zu *ihrem Ende* gekommen ist. Das Sein des Lebens ist gesehen als an ihm selbst ablaufende Bewegtheit, und zwar ist es in dieser dann, wenn das menschliche Leben hinsichtlich seiner eigensten Bewegungsmöglichkeit, der des reinen Vernehmens, zu seinem Ende gekommen ist. Diese Bewegtheit ist in der σοφία als ἕξις. Das reine Verstehen bringt nicht etwa nach *seinem* intentionalen Charakter das menschliche Leben im Wie seines faktischen Seins in Verwahrung, die σοφία hat es überhaupt nicht zu ihrem

---

[24] [Handschriftlicher Zusatz:] und zwar des *φύσει ὄν* – immer von selbst sich herstellenden.

intentionalen Worauf, es ist ja ein Seiendes, das ist gerade dadurch, daß es je anders sein kann. Lediglich *in der reinen Zeitigung* der σοφία *als solcher* muß, ob der ihr verfügbaren *eigentlichen* Bewegtheit, das Sein des Lebens gesehen werden. Der νοῦς, als reines Vernehmen, ist *erstens* dann in seiner genuinen Bewegtheit, wenn er sich jeglichen *ausrichtenden* Besorgens begeben hat und *nur* vernimmt; *zweitens* ist er als solches Vernehmen *die* Bewegtheit, die als zu ihrem Ende gekommene, sofern sie das rein Vernehmbare im Blick hat, nicht nur nicht aufhört, sondern gerade erst – als zu Ende gekommene – *Bewegung ist.*

Jede Bewegung ist – als βάδισις εἰς τέλος – Unterwegssein zu – ihrem Sinne nach ein noch nicht Erreichthaben ihres Worauf; sie ist gerade als Zugehen darauf: Lernen, Gehen, Hausbau; das Gehen ist von dem Gegangensein in seinem Seinscharakter prinzipiell verschieden: ἕτερον καὶ κινεῖ καὶ κεκίνηκεν (Met. Θ 6, 1048 b 32 sq.). Dagegen ist das Gesehenhaben *im Zugleich* mit dem Sehen; er hat nur gesehen – in Sicht –, sofern er gerade sieht, er hat vernommen gerade im Vernehmen, νοεῖ καὶ νενόηκεν (ib. b 34). Solche Bewegtheit ist Sein in der verwahrenden Zeitigung als zeitigender Verwahrung (ἅμα τὸ αὐτό, ib. b 33; vgl. Met. Θ 6). Der höchsten Idee reiner Bewegtheit genügt nur die νόησις als reines θεωρεῖν. Eigentliches Sein des Menschen zeitigt sich im reinen Vollzug der σοφία als dem *unbekümmerten,* zeithabenden (σχολή), rein vernehmenden Verweilen bei den ἀρχαί des immer Seienden. Der Seinscharakter der ἕξις und damit der ἀρετή, das heißt: die ontologische Struktur des Menschseins, wird aus der Ontologie des Seienden im Wie einer bestimmten Bewegtheit und der ontologischen Radikalisierung der Idee *dieser* Bewegtheit verständlich.

Metaphysica A 1 und 2

Die Interpretation dieser beiden Kapitel stellt im Hinblick auf das leitende Problem der Faktizität ein *Dreifaches* heraus:

1. Die phänomenale Struktur des hinsehenden, Warum-Zusammenhänge bestimmenden Umgangs (ἐπιστήμη) nach seinem intentionalen Worauf und Bezug; die phänomenale Struktur der höchstmöglichen Zeitigung dieses Umgangs, des hinsehenden eigentlichen Verstehens (σοφία) als des Inverwahrungbringens der ἀρχαί. Von da aus wird im vorhinein die konkrete ἀρχή-Forschung, als welche die »Physik« zu verstehen ist, nach der ihr aus der Idee des reinen Verstehens vorgezeichneten *Gegenstandsausgrenzung*, nach *Ansatz* (der spezifisch *kritischen* Grundlegung) und nach der Methode der kategorialen Explikation durchsichtig.

2. Den *Weg*, auf dem Aristoteles überhaupt den Zugang zu dem Phänomen des reinen Verstehens gewinnt, und die Art der Auslegung desselben; beide sind charakteristisch für den Grundsinn der ›Philosophie‹.

3. Den Seinscharakter der σοφία als solcher und ihre konstitutive Leistung für das Sein des menschlichen Lebens.

Die drei Hinsichten der Betrachtung hängen in sich zusammen, so zwar, daß die Struktur des reinen Verstehens gerade nur verständlich wird aus ihrer seinsmäßigen Verwurzelung im faktischen Leben und der Weise ihrer *Genesis in diesem*. Die Interpretation hat daher ihr eigentliches Gewicht im Aufweis des unter 2. Genannten.

Gefragt wird: wie ist das, was Aristoteles als Forschung charakterisiert, *ausgänglich* da? Wo wird es und als was vorfindlich? Wie geht Aristoteles darauf zu, und wie geht er damit um? Aristoteles nimmt aus dem faktischen Leben, aus der Weise seines eigenen umgänglichen Sprechens die Rede von σοφώτερον – verstehender sein als – auf; d. h. er hält sich an die faktischen *Dafürnahmen*, in denen das Leben seine eigenen Umgangsweisen ἐμπειρία, τέχνη auslegt: οἰόμεθα, ὑπολαμβάνομεν, νομίζομεν, ἡγούμεθα. Er setzt an bei einem *komparativischen* Ausdruck. In diesem wird sichtbar, worauf es dem Leben, wenn es etwas als σοφώτερον anspricht, ankommt: auf das μᾶλλον εἰδέναι, auf das Mehr an Hinsehen. Das faktische Leben ist darum besorgt, seinen Umgang, auch und gerade ursprünglich den verrichtenden, herstellenden, zu einem solchen auszubilden, der für sich selbst immer über ein Mehr an Hinsehen als der jeweils vorgegebene verfügt. In diesem Mehr an Hinsehen wird das ›Aussehen‹ des Umgangswomit sichtbar, und zwar nicht als Gegenstand theoretischen Bestimmens, sondern als Worauf des ausrichtenden Besorgens. Das ›Aussehen‹ (z. B. einer Krankheit) hat einen Warumcharakter (αἴτιον) für das umgänglich verrichtende Besorgen (ἰατρεύειν »verarzten«). Das Warum hat einen ursprünglich ›praktischen‹ Sinn.

In seiner Tendenz auf das Mehr an Hinsehen kommt das faktische Leben dazu, die Sorge der Verrichtung aufzugeben. Das Womit des verrichtenden Umgangs wird zum Worauf des *bloßen* Hinsehens. Das Aussehen wird auf seine das Was des Gegenstandes an ihm selbst bestimmenden Warumbeziehungen hin angesehen und expliziert. Die Sorgenstendenz hat sich in das Hinsehen als solches verlegt. Dieses wird eigenständiger Umgang und als solcher das Worauf einer eigenen Besorgnis.

In der Auslegung des Sinnes des Mehr an Hinsehen, den das faktische Leben *selbst vorgibt*, liegt die Direktion auf das σοφώτερον. Aristoteles geht mit dem faktischen Leben in dessen eigener Auslegungsrichtung mit, er nimmt wiederum aus ihm selbst die Dafürnahmen auf, in denen es einen Menschen als σοφός, als eigentlich Verstehenden, anspricht. Die Auslegung dieser Weisen des Ansprechens ergibt den übereinstimmenden Sinn der σοφία: der eigentlich Verstehende ist besorgt um die *letzten Hinsichten*, in denen das Seiende an ihm selbst zu möglicher Bestimmung gebracht wird. Diese Hinsichten haben zu ihrem Worauf die ersten ›Vonwoaus‹, hinsichtlich deren das Seiende im vorhinein enthüllt sein muß, soll es im konkreten bestimmenden

Ansprechen und Besprechen der Forschung in angemessene Verwahrung gebracht werden. Aristoteles gewinnt also den Sinn der ›Philosophie‹ *durch Auslegung einer faktischen Sorgensbewegtheit auf ihre letzte Tendenz.* Dieser rein hinsehende Umgang erweist sich aber als ein solcher, der in seinem Worauf gerade das Leben selbst, in dem er ist, nicht mehr mit sieht. Sofern dieser Umgang als das reine Verstehen doch Leben zeitigend ist, ist er das durch seine Bewegtheit als solche.

Das reine Verstehen hat seine konkrete Vollzugsmöglichkeit im Freisein von den Besorgnissen des verrichtenden Umgangs; sie ist das Wie, in dem das Leben hinsichtlich einer seiner Grundtendenzen einen *Aufenthalt* nimmt. Das θεωρεῖν ist die reinste Bewegtheit, über die das Leben verfügt. Dadurch ist es etwas ›Göttliches‹. Die Idee des Göttlichen ist aber für Aristoteles nicht in der Explikation eines in religiöser Grunderfahrung zugänglich gewordenen Gegenständlichen erwachsen, das θεῖον ist vielmehr der Ausdruck für den *höchsten* Seinscharakter, der sich in der ontologischen Radikalisierung der Idee des Bewegtseienden ergibt. Das θεωρεῖν ist nur *deshalb* θεῖον, weil solches Vernehmen hinsichtlich seines Seinscharakters, das ist: seiner Bewegtheit, *der Idee des Bewegtseins als solchen am reinsten genügt.* Dieses Seiende *muß* reines Vernehmen sein, d. h. frei von *jedem emotionalen* Bezug zu seinem Worauf. Das ›Göttliche‹ kann nicht neidisch sein, nicht weil es die absolute Güte und Liebe ist, sondern weil es überhaupt in seinem Sein als reine Bewegtheit weder hassen noch lieben kann.

Das besagt aber: die entscheidende Seins-*Vorhabe,* das Seiende in Bewegung, und die bestimmte ontologische Explikation *dieses* Seienden sind die Motivquellen für die ontologischen Grundstrukturen, die späterhin das göttliche Sein im spezifisch christlichen Sinne (actus purus), das innergöttliche Leben (Trinität) und damit zugleich das Seinsverhältnis Gottes zum Menschen und damit den eigenen Seinssinn des Menschen selbst entscheidend bestimmen. Die christliche Theologie und die in ihrem Einfluß stehende philosophische ›Spekulation‹ und die in solchen

Zusammenhängen immer mit erwachsende Anthropologie *sprechen in erborgten, ihrem eigenen Seinsfelde fremden Kategorien.*

Daß trotzdem gerade die aristotelische Ontologie des Seelischen innerhalb der christlichen Lebenswelt eine weitgehende und reiche Auslegung des Seins des Lebens mitzeitigen half, liegt daran, daß mit dem Bewegungsaspekt und gerade durch ihn der entscheidende Phänomencharakter der Intentionalität in den Blick kam und eine bestimmte Blickrichtung damit festigte.

Physica A–E

Das Phänomen der Bewegung wird zu seiner ontologisch kategorialen Explikation gebracht in *der* Forschung, die unter dem Titel »Physik« überliefert ist. Die Interpretation hat aus der phänomenalen Bewegtheit dieser Forschung selbst aufzuweisen: die in ihr wirksame Grunderfahrung, das ist die Weise der Gegenstandsvorgabe (des θεωρεῖν), ferner die Hinsichten, in die dieses Gegenständliche gestellt wird, und die Explikate, die in der so hinsehenden Analyse erwachsen.

Die Forschung wird charakterisiert als κίνησις-Forschung; sie hat die ›Vonwoaus‹ (ἀρχή) in Verwahrung zu bringen, von denen her das κινούμενον gesehen wird. Diese ἀρχαί selbst müssen aber, sofern sie zu der ihrem Sinn entsprechenden Leistung sollen kommen können, selbst aus dem phänomenalen Sachgehalt des Gegenständlichen geschöpft sein. Die ἀρχαί des Seienden sind für den besorgend ausrichtenden Umgang und dessen Umsicht *nicht da*; die Besorgnis lebt in andern Hinsichten, den auf die nächst begegnende Umgangswelt gerichteten. In der Sichtweite des besorgenden Umgangs des faktischen Lebens sind die ›Vonwoaus‹ des Seienden als solchen verborgen. In Phys. A 1 und überhaupt im Problemansatz der Physik als Forschung zeigt sich der ursprüngliche Sinn des ›Wahrheitsbegriffes‹ als wirksam.

Die ἀρχή-Forschung ist *Zugangsforschung*. Als solche hat sie 1. die *Vorhabe* zu sichern, d.h. das thematische Gegenstandsfeld im Wie des phänomenalen Grundcharakters seiner Sachhaltigkeit in den Blick zu bringen, 2. den *Vorgriff* auszubilden, d.h. die Hinsichten bereitzustellen, in denen sich der Vollzug der Explikation des Seinsfeldes halten soll. Der *Ansatz* der Forschung ist *Kritik*, und zwar prinzipielle Kritik. Die Interpretation macht verständlich, warum solche Zugangsforschung notwendig einen kritischen Ansatz zu nehmen hat: Jede Forschung bewegt sich in einer bestimmten Stufe vorgegebener Ausgelegtheit des Lebens und vorgegebener Besprechensweisen der Welt. In der eigenen Faktizität ist als wirksam da das Wie, in dem schon die ›alten Physiker‹ die ›Natur‹ gesehen, angesprochen und besprochen haben.

Die kritische Frage der ἀρχή-Forschung an die Vorzeit wird demnach lauten: hat sie das als κινούμενον intendierte Seiende so in die Vorhabe gebracht, daß der entscheidende phänomenale Sachcharakter desselben, den die vorangegangene Forschung in ihren Ansprechensweisen immer irgendwie mit vermeint – die Bewegung – zur Verwahrung und ursprünglicher Explikation kommt? Oder aber ist die Zugangsweise der überlieferten Forschung zu dem fraglichen Seinsgebiet, daß es sich im vorhinein in ›Theorien‹ und prinzipiellen Thesen bewegt, die nicht nur nicht aus dem Seinsgebiet geschöpft sind, sondern geradezu den Zugang zu ihm verbauen?

In dieser Fragestellung liegt der Sinn der kritischen Haltung des Aristoteles. Seine Kritik ist im ausgezeichneten Sinne positiv, und sie fußt ausdrücklich auf der entscheidenden Grunderfahrung: wir setzen von vornherein an, es gibt Seiendes in Bewegung. Dieses Seiende in solchem Wie ist schlicht zugänglich in der ἐπαγωγή. Das erste Buch der »Physik« zeigt einen ganz straffen Aufbau, und die erste Stufe der Kritik, die der Eleaten, wird nur aus der konkreten Aufgabe der Zugangsforschung und ihrem notwendigen kritischen Ansatz verständlich.

Die Eleaten gehören zwar – nach der ausdrücklichen Bemerkung des Aristoteles – ›eigentlich‹ überhaupt nicht in das Thema der Kritik. Ihr Vorgriff, ihre Theorie des Seins ist so, daß sie grundsätzlich den Zugang zum Seienden als einem bewegten (also zur κίνησις selbst) verbaut. Die Eleaten setzten sich selbst außerstande, das Grundphänomen des im Thema der Forschung stehenden Sachgebietes, die Bewegung, zu sehen und von ihr her sich die entscheidenden Hinsichten des konkreten Fragens und Bestimmens vorgeben zu lassen.

Aristoteles zieht aber die Eleaten, trotz ihres ›Nichthergehörens‹, nicht deshalb herein, wie *Bonitz*[1] meinte, um ein billiges Objekt der Widerlegung zu haben, sondern um in dieser Kritik *das für alle weitere Problematik entscheidende Blickfeld zu sichern:* ἡμῖν δ' ὑποκείσθω τὰ φύσει ἢ πάντα ἢ ἔνια κινούμενα εἶναι [Phys. A 2, 185 a 12 sq.]. Aristoteles zeigt: das im Thema der Forschung Stehende, das φύσει ὄν, ist als Gegenstand der ἐπιστήμη angesprochener und besprochener Gegenstand ein ὂν λεγόμενον (Phys. A 2 u. 3). Dieses Seiende muß in *der* ontologischen Struktur im vorhinein angesetzt werden, die dadurch vorgebildet ist, daß es grundsätzlich ein ›Worauf‹ des Ansprechens und Besprechens ist, d. h. vermeint wird im Wie der ›Als-Charaktere‹. Das Seiende ist kategorial immer dieses etwas *als* so und so, das besagt: der Sinn des Seins ist prinzipiell *mannigfaltig* (mehrfältig). Aus dem Sinn des ὂν λεγόμενον ist apriorisch vorgezeichnet, daß jedes Angesprochene ist etwas *als* etwas. Die Idee der ἀρχή, des von ›Woaus‹ *für* etwas, die Hinsicht *auf* als Rücksicht *für* wird kategorial überhaupt unmöglich, wenn das Sein seinem Sinne nach nicht mehrfältig artikuliert ist, wenn die Wissenschaft von der Physis mit der These ἓν καὶ ἀκίνητον τὸ ὄν [Phys. A 2, 184 b 26] auf ihr Gegenstandsfeld zugeht.

Eine Zwischenbetrachtung, als Interpretation der entscheidenden ontologischen Zusammenhänge des Parmenideischen Lehrgedichtes, zeigt, wie Parmenides erstmals das Sein des Seienden in den Blick bekam, daß es aber, ontologisch gesprochen, bei diesem ersten ›Seinseindruck‹ blieb. Mit dieser ersten, aber entscheidenden Sicht war das ontologische Sehen auch schon an seinem Ende. Die Idee, alles ist im Wie des Gegenstandsseins, wurde eine das Sachgebiet betreffende These, so zwar, daß dieses Gegenstandssein überhaupt selbst ›real‹ als das seiende Sein vermeint wurde, von dem aus nun bezüglich der übrigen Seinsbestimmun-

---

[1] [Vgl. Hermann Bonitz, Aristotelische Studien IV. In: Sitzungsberichte der Kaiserlichen Akademie der Wissenschaften, Wien. Philosophisch-historische Klasse. Bd. LII, 4 (1866), S. 347–423, bes. S. 391 (Nachdruck in: ders., Aristotelische Studien. Fünf Teile in einem Band. Hildesheim: Olms 1969, S. 240–316, bes. S. 284).]

gen in der Weise negativer Abscheidung entschieden wurde. Das
νοεῖν als Vermeinen schlechthin und das λέγειν, Ansprechen, sind
im gleichen erstmals gesehen, und zwar in eins mit dem Sein.
Diese φύσις bleibt aber in ihren ersten entscheidenden phänomenalen Grundstrukturen unabgehoben.

Die erste Stufe der Kritik will zeigen: die ἀρχή-Forschung
muß, sofern sie überhaupt das vorgegebene Sachgebiet und seine
Hinsichten gewinnen will im Hinsehen auf das Grundphänomen
der Bewegung, die ontologische Verfassung dieses Gebietes herausarbeiten. Es ist nur eine innere Konsequenz der Problemstellung, daß Aristoteles im Zusammenhang der Eleatenkritik auf
das Problem des λέγειν/λόγος stößt, der schlicht explizierenden
Bestimmung eines Gegenständlichen im Was seiner Seinshaftigkeit. Dieses Gegenständliche ist hier das zu explizierende Phänomen der Bewegung.

Die Interpretation zeigt von der ersten Stufe der Kritik her, die
überhaupt das Blickfeld sichert, wie Aristoteles die Meinungen
und Explikationen der ›alten Naturphilosophen‹ daraufhin befragt, wie weit sie das Bewegungsphänomen von ihm selbst her
sprechen lassen und wie sie dabei immer durch vorgefaßte Theorien über den Sinn des Seins grundsätzlich an der Explikation
behindert werden. Durch solche Interpretation wird sichtbar, daß
hinter der scheinbar formalistischen Frage, *wie viele* und welche
ἀρχαί hinsichtlich der φύσει ὄντα anzusetzen seien, *die* verbirgt:
wie weit ist jeweils Bewegung an ihr selbst gesehen und genuin
expliziert? Wenn sie das ist, dann gibt es notwendig *mehr als ein*
›Vonwoaus‹ ihrer kategorialen Struktur und ebenso notwendig
nicht mehr als drei. Die positive Explikation des Phänomens, und
das zunächst rein im Rahmen der angesetzten ἀρχή-Problematik,
gibt Aristoteles in Kap. 3; von da ist auf die vorangegangenen
Kapitel *zurückzusehen*. In den Explikationen des Kapitels 7 erwächst die ›Grundkategorie‹ der ποίησις, die die aristotelische
Ontologie durchherrscht, d. h. aber, sie erwächst in der Explikation eines bestimmten Ansprechens von bestimmt gesehener Bewegtheit. Charakteristischerweise hat in der auf die κίνησις ge-

richteten Problematik das ›Werden der Bildsäule aus Erz‹ (in der Umgangsbewegtheit der *Herstellung*) die Rolle des führenden[2] Exempels.

Im II. Buch der »Physik« wird die κίνησις-Problematik von einer anderen Blickrichtung her angesetzt. Es wird gefragt, welche Möglichkeiten des theoretischen *Befragtwerdens* (διὰ τί, vgl. Met. Z 17, Anal. post. B 1[3] – warum) sind im Sachgehalt der φύσις und ihrer kategorialen Grundstruktur motiviert. Die Interpretation zeigt, wie die ›vier Ursachen‹ der schon charakterisierten ontologischen Problematik entspringen. Das Buch ist aber zugleich (Kap. 4–6) im Hinblick auf das Faktizitätsproblem als solches von entscheidender Bedeutung. Es wird gezeigt, wie Aristoteles unter den Titeln τύχη, αὐτόματον[4] (die bezüglich ihrer eigentlichen Bedeutung schlechthin unübersetzbar sind) die ›historische‹ Bewegtheit des faktischen Lebens, die Bewegtheit dessen, ›was einem täglich so passiert und passieren kann‹, ontologisch expliziert. Diese ontologischen Analysen sind bis heute nicht nur unübertroffen, sondern nicht einmal als solche verstanden und ausgewertet. Man nimmt sie als einen unbequemen und nicht weiter verwertbaren Annex zu der Bestimmung der ›eigentlichen Ursachen‹, die ihre *Bedingtheit* aus dem bestimmten Problemansatz deutlich bekunden.

Im III. Buch setzt Aristoteles zur eigentlich thematischen Analyse des Bewegungsphänomens an. Die Interpretation dieses Buches (vor allem der Kap. 1–3), die mit fast unüberwindlichen textlichen Schwierigkeiten zu kämpfen hat (schon Simplicius[5] 395, 20 sqq. klagt darüber), kann nur im konkreten Zusammenhange exponiert werden. Entscheidend ist für Aristoteles zu zeigen, daß mit den überlieferten bislang von der Ontologie beigestellten Kategorien Sein und Nichtsein – Anderssein – Ungleichartigsein –

---

[2] [Handschriftliche Einfügung von einem Wort.]

[3] [Stellenangaben handschriftliche Ergänzung.]

[4] [Mit Bezug auf den Plural wurde das Wort αὐτόματον aus dem an Georg Misch in Göttingen übersandten Exemplar des Typoskripts ergänzt.]

[5] [Simplicii in Phys., ed. Diels, op. cit.]

das Bewegungsphänomen grundsätzlich kategorial nicht faßbar wird. Das Phänomen gibt von sich selbst her die ihrerseits ursprünglichen und letzten Strukturen: δύναμις, das je bestimmte Verfügenkönnen über, ἐνέργεια, das in gen[uine][6] Verwendung Nehmen der Verfügbarkeit, und ἐντελέχεια, das verwendende in Verwahrung Halten dieser Verfügbarkeit.

---

[6] [Handschriftliche Einfügung von einem Wort.]

*[Zum zweiten Teil der Untersuchungen:
Interpretation von Metaphysica Z, H, Θ]*

Der zweite Teil der Untersuchungen hat das Schwergewicht der Interpretation in Met. Z, H, Θ. Es wird gezeigt, wie Aristoteles durch eine bestimmt geführte Explikation des im bestimmten λέγειν Angesprochenen als solchen, das vorhabemäßig zugleich das Aussehen des irgendwie Bewegten, aus einer Bewegung (ποιούμενον) entsprungen ist, die Grundproblematik der Seinshaftigkeit entwickelt und von dieser her zu der ontologischen Ausformung der ›Kategorien‹ δύναμις – ἐνέργεια kommt, die mit den Kategorien des Aristoteles im engeren Sinne für das Sein ›des Seienden‹ konstitutiv sind.

In diesen ontologischen Horizont wird dann die »Ethik« gestellt, als die Explikation des Seienden als Menschsein, menschliches Leben, Lebensbewegtheit. Das wird in der Weise bewerkstelligt, daß zuvor De anima, und zwar auf der breiten Basis der Explikation des Seinsfeldes des *Lebens* als einer bestimmten Bewegtheit (Interpretation von De motu animalium), auf ihre ontologisch-logische Verfassung hin ausgelegt wird. Es wird gezeigt, wie die ›Intentionalität‹ in die Sicht kommt, und zwar als ›objektive‹ ein Wie der Bewegtheit des in seinem Umgang irgendwie ›noetisch‹ erhellten Lebens. Das Seiende im Grundaspekt des Bewegtseins – des ›Ausseins auf etwas‹ – ist die Vorhabe, Bedingung für die Abhebbarkeit der Intentionalität dergestalt, wie sie bei Aristoteles explizit wird und ihrerseits den Grundcharakter des θεωρεῖν sichtbar macht. So ist erst die konkrete Motivbasis beigestellt, aus der die letzte von Aristoteles erreichte Stufe ontologischer und logischer Problematik verständlich wird. Sie ist in ihrer Verwurzelung aufgewiesen durch Interpretation von Met. Λ, I und der von De interpretatione und der »Analytiken«. Hieraus wird sichtbar, inwiefern die bestimmte Ontologie eines bestimmten Seinsfeldes und die Logik eines bestimmten Ansprechens, der

Verfallensgeneigtheit des Auslegens folgend, zu *der* Ontologie und *der* Logik wurde, als welche sie nicht nur ihre eigene Geschichte, sondern die Geistesgeschichte selbst, d. h. die Existenzgeschichte, entscheidend durchherrscht.

Der Ursprung der ›Kategorien‹ liegt weder im λέγειν als solchen, noch sind sie an den ›Dingen‹ abgelesen; sie sind die Grundweisen eines bestimmten Ansprechens des bestimmten *aussehensmäßig* in der Vorhabe gehaltenen Gegenstandsfeldes der in Verrichtung besorgbaren Umgangsgegenstände. Als solche sind sie die sinnmäßigen ›Stämme‹ der Alswascharaktere, in denen dieses Gegenständliche ansprechbar wird. Sie sind mit dem ὂν δυνάμει, weil *aus* dem gegenständlichen Was und *für* dieses erwachsend für das Sein der ›Tuns‹-Gegenstände (ποιούμενα) konstitutiv. Das ὂν ὡς ἀληθές als Charakter des Seienden, als das Wie des unverhüllt an ihm selbst da Seins, ist dagegen nicht konstitutiv für das ὄν und doch das κυρίως ὄν, das Entscheidende, Führunggebende in Hinsicht auf den Zugang zum Seienden in der Weise des schlichten Vernehmens und des explizierenden Bestimmens. So wenig wie das ὂν ὡς ἀληθές ist das κατὰ συμβεβηκός, das Sein im Wie der Mithaftigkeit, konstitutiv für das Seiende. Denn der Sinn für Sein ist ursprünglich *Hergestelltsein*. Dieses Seiende ist in dem, was es ist, originär nur da für den herstellenden Umgang, schon nicht mehr in dem es gebrauchenden, sofern dieser den fertigen Gegenstand in verschiedene nicht mehr ursprüngliche Sorgenshinsichten nehmen kann.

Das Sein des Hauses ist das Sein als Erstelltsein (ποιούμενον), der Sinn von Sein ist also ein *ganz bestimmter*, nicht der vage und indifferente von Realität überhaupt, und das Sein ist relativ auf Herstellung, bzw. die *diesen* Umgang erhellende Umsicht (das Verfahren). Zufolge diesem grundsätzlich angesetzten Sinn von eigentlichem Sein müssen sich *die* Aussehens- und Begegnisweisen der Umgangsgegenstände, die sie in ihrer vollen umweltlichen Bedeutsamkeit geben, das bequem-, schön-, gutgelegen-, gut beleuchtet-Sein des Hauses, als *nur mithaft* und als ein ἐγγύς τι τοῦ *μὴ ὄντος* (Met. E 2, 1026 b 21) ergeben. Daß aber Aristoteles in dieser Weise die Mithaftigkeit als eigenen Seinssinn zur Abhebung bringen kann, ist zugleich der stärkste Ausdruck dafür, daß die Umwelt als voll erfahrene genommen, das Mithafte gesehen ist, nur schon durch den Terminus ontologisch ausgelegt am Leitfaden eines bestimmten als entscheidend ausgeformten Seinssinnes. Dieser selbst hat seine Herkunft aus der ursprünglich gegebenen Umwelt, verliert aber dann noch bei Aristoteles selbst unter dem Druck der ausgeformten Ontologie seinen Herkunftssinn und verfällt im Verlauf der weiteren Entwicklung der ontologischen Forschung in die unbestimmte Bedeutungsdurchschnittlichkeit von Realität, Wirklichkeit, als welche er dann den Ansatz für erkenntnistheoretische Problematik abgibt, sofern nicht die aus ihm erst wiederum erwachsene ›Objektivität‹ der theoretischen Gegenstandsbestimmung als ›Natur‹ zum problemführenden Seinssinn gemacht wird.

HANS-GEORG GADAMER:
HEIDEGGERS »THEOLOGISCHE« JUGENDSCHRIFT

Der Titel, unter dem ich einen bedeutenden Heidegger-Fund einleite, ist ebenso unzutreffend wie treffend, wie seinerzeit, als Diltheys großer Fund unter dem Titel *Hegels theologische Jugendschriften* von H. Nohl ediert wurde (1907).

Es ist ein wahres Ereignis, daß jetzt ein Manuskript des jungen Martin Heidegger aufgetaucht ist, das die Anfänge seines großen Wirkens darstellt. Die Schrift ist weder durch die frühen Vorlesungen überflüssig geworden, die jetzt zum Glück in der Gesamtausgabe vorgelegt worden sind, noch durch Heideggers eigene spätere Bearbeitungen der griechischen Philosophie im Fortgang auf seinem eigenen Denkweg. Man muß sich den Augenblick klar vorstellen. Das Manuskript wurde im Spätherbst 1922 abgefaßt, aufgrund der Aufforderung, die Paul Natorp in Marburg an ihn gerichtet hatte, über den Stand seiner phänomenologischen Aristoteles-Interpretationen Bericht zu erstatten. Es wurde in Wahrheit die Grundlage für die Berufung Heideggers nach Marburg, die im Sommer 1923 erfolgte. Damals war ich gerade selber – nur für ein Sommersemester – in Freiburg bei Heidegger und erfuhr dort durch ihn die erste Einführung in ein Aristoteles-Verständnis, das dank der phänomenologischen Begabung des jungen Privatdozenten Heidegger eine wahre Revolution einleitete. Aristoteles begann zu uns in unserer Gegenwart wahrhaft zu sprechen.

Die Bedeutung dieses Manuskriptes liegt für uns heute darin, daß Heidegger damals noch ganz auf der Suche war. Wonach er sich auf der Suche befand, war eine angemessene Interpretation und ein anthropologisches Verständnis des christlichen Bewußtseins. Schließlich war er wie wir alle ein Kind der Aufklärung und des Zeitalters der Wissenschaft und hatte wie wir alle seine

Probleme mit der christlichen Lehrüberlieferung der Kirchen. So war die Aufgabe für Heidegger, der insbesondere in der Kirchen- und Dogmengeschichte auf hohem wissenschaftlichen Niveau eine bemerkenswerte Schulung erfahren hatte, sich von der theologischen Vorprägung der christlichen Dogmatik radikal freizumachen. Der Aristoteles, der der neuscholastischen Bewegung zugrunde lag, hatte schon in seinen theologischen Studienjahren Heideggers eigene religiöse Fragen nicht befriedigen können, und noch weniger, nachdem er als Privatdozent sich ganz der Philosophie widmete. Im Jahre 1921, inzwischen von Husserls Phänomenologie stark beeindruckt, kehrte er zu eigenen Aristoteles-Studien zurück und entdeckte nun einen ganz anderen Aristoteles, als der war, den er während seiner eigenen Studentenjahre kennengelernt hatte. Ein Bild dieser neuen Sicht des Aristoteles zeichnet unser programmatisches Manuskript, das zugleich durch eine Überfülle von genialen Einblicken und weithinreichenden Einsichten sich auszeichnet.

Mir war der Anfang dieses Manuskriptes schon seit 1922 bekannt. Paul Natorp, bei dem ich damals meinen Doktor machte, überließ mir die Kopie der *Anzeige der hermeneutischen Situation*. So hieß das Stück, das Heideggers *phänomenologischen Interpretationen zu Aristoteles* als Einleitung vorausgeschickt war. Dieser Text wurde für mich zu einer wahren Inspiration. Daher führte mich mein Weg nach Freiburg. Die Winke, die ich in diesem Manuskript fand, haben mich dann in Heideggers Marburger Jahren, den entscheidenden Jahren seines philosophischen Werdegangs, begleitet. Das Manuskript las ich gewiß öfters, mit langsam steigendem Verständnis, bis es schließlich in den Wirren des zweiten Weltkrieges verloren ging.

Ich kann es heute kaum beschreiben, wie neuartig jeder Satz dieses Textes für einen damaligen Leser gewesen ist. Im Rückblick habe ich mir oft gesagt, nachdem ich Heidegger selbst begegnet war und langsam etwas von ihm gelernt hatte, wie man Paul Natorp bewundern mußte, daß er das Genie des jungen Kollegen erkannt hatte, trotz der eigenartigen, traditionswidrigen Art, in der dieser kühne Denker sich in Rede und Schrift ausdrückte.

Wenn ich diesen ersten Teil der Einleitung zu den Aristoteles-Studien Heideggers, die *Anzeige der hermeneutischen Situation*, heute wieder lese, so ist es, als ob ich darin den Leitfaden meines eigenen philosophischen Werdegangs wiederfände und meine schließliche Ausarbeitung der philosophischen Hermeneutik wiederholen sollte. Die Wucht des Anstoßes, den ich damals empfing, schlägt mir bei der heutigen Lektüre geradezu entgegen, und ich glaube, es wird manchem Leser meiner eigenen späteren Arbeiten ähnlich gehen. Aber es ist vor allem dies, daß das neue Manuskript, nachdem es nun in vollem Umfang vorliegt und eine erste Anzeige der Aristoteles-Interpretationen beifügt, zugleich zeigt, daß diese Einleitung mit einer ganz grundsätzlichen Kritik einsetzt, die an einer konventionellen und scheinbar historisch objektiven Aneignung des Aristoteles auf der Grundlage der neuscholastischen Tradition geübt wird und geradezu revolutionär wirkt. Hier wird nicht auf Aristoteles als auf einen wichtigen historischen Gegenstand zugegangen, sondern es wird aus den gegenwärtigen Fragen der Philosophie, aus dem Problemdruck, den der Begriff des Lebens erzeugte und der in diesen Jahrzehnten die Philosophie in Deutschland mehr und mehr zu beherrschen begann, eine radikale Fragestellung entwickelt. Die Problematik der Selbstauslegung des Lebens, was Heidegger damals die »Faktizität des Daseins« nannte, wird hier zum Leitfaden einer kühnen Skizze, die aus Aristoteles die Grundzüge einer philosophischen und phänomenologischen Anthropologie entwickelt.

Jetzt tritt nun durch den neuen Fund erstmals das ganze Manuskript ans Licht, von dem ich nur die Einleitung kannte. Es enthält zusätzlich einen programmatischen Entwurf der großangelegten Aristoteles-Studien, mit denen der junge Privatdozent Heidegger damals in Freiburg das phänomenologische Jahrbuch, wohl in zwei Bänden, zu füllen plante. Darüber gibt es die bereits bekannte briefliche Nachricht, die mir Heidegger im

Herbst 1922 zukommen ließ, noch bevor ich Heidegger begegnet war, als ich meinerseits an Poliomyelitis krank lag.

Was lehrt uns dieses Programm? Es dient vor allem der ausführlichen Begründung, warum man neu auf Aristoteles zurückgehen müsse, wenn man die christliche Geschichte des Abendlandes in ihren produktiven Möglichkeiten wirklich verstehen und unsere eigene Lage in unserer Gegenwart uns durchsichtig machen will. Die Absicht war, die Anthropologie des Aristoteles aus dem faktisch gelebten Leben, wie es vor allem in der Rhetorik und Ethik des Aristoteles zu finden ist, aus dem Lebensverständnis der eigenen Gegenwart neu zum Sprechen zu bringen. Man liest mit Respekt die intime Kenntnis der Dogmengeschichte des Mittelalters, die der junge Forscher Heidegger besaß, und wie er den Wegen Luthers, über Augustinus und den Neuplatonismus, zu Paulus und zum *Johannes-Evangelium* folgte, um im Rückgang auf Aristoteles seine eigenen Lebensfragen zur Klarheit zu bringen.

Nun kann ich meine Lektüre dieses Manuskriptes nicht von all dem ablösen, was ich in meinen eigenen Studienjahren bei Martin Heidegger in Freiburg und vor allem in Marburg hinzugelernt habe. Heidegger hat das, was er in dem Manuskript programmatisch formuliert, in großen Teilen ausgeführt und im akademischen Unterricht jener Jahre vorgelegt. So habe ich in Freiburg bereits an einem Seminar über das 6. Buch der *Nikomachischen Ethik* teilgenommen, das mir unvergeßlich ist und die entscheidende Begegnung mit der phänomenologischen Denkkraft Heideggers brachte. In dem neuen Manuskript, das hier vorgelegt wird, wird dieses 6. Buch nicht im einzelnen behandelt. Es handelt sich eben um einen bloßen Bericht, den Heidegger damals offenbar in aller Eile niedergeschrieben hat. Aber gerade in dieser Form, in der er über seine eigene Forschung am Aristoteles berichten soll, treten die Motive seines philosophischen und theologischen Interesses und die Radikalität seiner Frageenergie höchst eindrucksvoll hervor. Für mich selbst wurde dieses erste Aristoteles-Seminar, an dem ich teilnahm, vor allem eine Einführung in die fundamentale Bedeutung der Phronesis, des praktischen Wissens. Dieser Punkt ist bekanntlich von mir später ganz in den Vordergrund gerückt worden, um das praktische Wissen gegen den Methodenbegriff der modernen Wissenschaft abzuheben und diesen in seinen Grenzen zu zeigen. So wurde also die Phronesis des Aristoteles fast ein Vorspiel zu dem, was wir in der Philosophie der Neuzeit als den Begriff der Urteilskraft und als die selbständige Bedeutung der dritten Kantischen *Kritik* kennen. In diesem Manuskript liest man ganz klar, was ich aus dem damaligen Seminar auch gelernt hatte, daß Heidegger mit sicherem Blick erkannt hatte: es gibt nur zwei wirkliche Höchstformen des Wissend-Seins, die Aristoteles hier herausarbeitet. Das ist einerseits die Sophia, die Weisheit, und andererseits die Phronesis, die praktische Erhellung des eigenen Lebens.

Bei meiner Lektüre des wiedergefundenen Programms überraschte mich nun, daß in Heideggers Manuskript die Phronesis gar nicht so sehr in den Vordergrund tritt, als vielmehr die Tugend des theoretischen Lebens, die Sophia. Das bedeutet, daß den jungen Heidegger damals mehr als die Aktualität der praktischen Philosophie ihre Bedeutung für die aristotelische Ontologie, die *Metaphysik*, beschäftigt. Das 6. Buch der *Nikomachischen Ethik* erscheint in dieser Programmschrift eigentlich mehr als eine Einleitung in die aristotelische *Physik*.

Mir ist jetzt bei der Lektüre erst ganz deutlich geworden, warum Heidegger mich in den zwanziger Jahren, als ich in den Anfängen meiner Forschungen stand, vor allem immer auf die *Physik* des Aristoteles vereidigen wollte. Ich sollte einen Kommentar (und Übersetzung) der aristotelischen *Physik* schreiben. Für einen Anfänger wie mich war das damals freilich zuviel verlangt, und so ist das Ganze in Bruchstücken stecken geblieben.[1]

---

[1] Erst jetzt ist die damals vom Verlag Felix Meiner mit mir geplante Ausgabe und Übersetzung der aristotelischen Physik durch Hans Günter Zekl als Band 380 und 381 der Philosophischen Bibliothek verwirklicht worden.

Doch werfen wir einen Blick auf das neue Manuskript im Ganzen. Es ist in drei kurze Berichte über die geplanten Interpretationen zu Aristoteles eingeteilt, die zu einem guten Teil damals schon niedergeschrieben waren. Der erste Teil ist der schon besprochene, das 6. Buch der *Nikomachischen Ethik*. Der zweite behandelt die beiden ersten Kapitel der *Metaphysik* des Aristoteles, A1 und 2. Dieses Stück Aristoteles hatte ich auch damals schon von ihm vorinterpretiert bekommen, ich glaube sogar in dem kleinen Privatkurs, den er im Sommer 1923 für mich allein gab und bei dem mir wirklich die Schuppen von den Augen fielen. Heidegger arbeitet hier mit energischer Wucht heraus, wie das Ideal des »mehr Wissens« (μᾶλλον εἰδέναι) aus der Faktizität des menschlichen Lebens aufsteigt. Diese Interpretation hatte einen solchen Schwung, daß der damalige Zuhörer der entsprechenden Freiburger Vorlesung, Leo Strauss, wie gewiß mancher andere, hingerissen war und überall erzählte, daß nicht nur Werner Jaeger, der doch wahrlich ein großer Aristoteles-Kenner war, sondern daß sogar Max Weber, der gewiß das stärkste wissenschaftliche Temperament auf den damaligen deutschen Kathedern darstellte, dagegen als reine Waisenknaben erschienen.

Die einleitenden Kapitel des Aristoteles verfolgen offenbar den Zweck, zu zeigen, daß es in der Bekümmerung des menschlichen Daseins um sich selbst und um sein Sein gelegen ist, was als die Frage nach dem Begriff des Seins in der aristotelischen *Metaphysik* seine umfassende ontologische Antwort fand.

Nun zieht Heidegger in seinem Manuskript eine geradezu dramatische Schlußfolgerung. Man sehe hier, daß die gesamte neuere Philosophie und daß das Christentum und seine Theologie in Wahrheit mit erborgten Mitteln, die der ursprünglichen Fragerichtung des griechischen Denkens entstammen, sich beholfen hat. Diese Mittel seien unangemessen, um das Lebensbewußtsein und das religiöse Bewußtsein eines heutigen Menschen verständlich zu machen. Es ist kein Zweifel, daß in dieser Schlußfolgerung das eigentliche Ziel der aristotelischen Studien

Die wiederaufgefundene »Aristoteles«-Einleitung

des jungen Heidegger zum Ausdruck kommt. Die Suggestionskraft jedoch, mit der Heidegger den aristotelischen Text zu interpretieren wußte, ließ einem das kaum bewußt werden. Noch in *Sein und Zeit* wurde es den wenigsten deutlich, daß Aristoteles für Heidegger mehr eine verdeckende Traditionsfigur darstellte, die das eigene okzidentale Denken nicht zu sich selbst kommen und nicht den Weg ins Freie finden ließ. Offenbar hatte Heidegger zwei Antriebe, die sein Verhältnis zu Aristoteles bestimmten. Der eine Antrieb war Kritik an dem Seinsbegriff des Aristoteles und dem Begriff des Göttlichen als des Seienden, das sich ganz in der Gegenwart eines beständigen Vollzuges hält, in dem nichts aussteht und nichts nur gemeint und nur angestrebt ist, sondern das eben göttliches Sein ist und nicht menschliches.

Der andere Antrieb, dem er folgt und der damals sogleich, vor allem von der protestantischen Theologie, aufgenommen wurde, war der Appell an die Eigentlichkeit des Daseins, die es galt, in der Faktizität des Daseins bei Aristoteles wiederzufinden. Es ist das »Aus-sein – auf etwas«, was Heidegger hier am Ende sogar in Husserls phänomenologischer Lehre von der Intentionalität wiederzufinden meint. Auch darin lag eine enorme Überzeugungskraft. Es gibt vielleicht nur ein einziges Wort, das die Problematik des Heideggerschen Versuches verrät, an dem er ja später nicht mehr hat festhalten wollen. Ich meine dies, daß er das Wort »Durchsichtigmachen« sehr oft gebraucht. Die Erhellung, die das menschliche Dasein von sich aus sucht, bestehe vor allem darin, daß man sich durchsichtig wird und auf diese Weise trotz aller eigenen Bedingtheit einen seine eigenen Möglichkeiten ergreifen läßt. Es scheint, daß Heidegger in seinem späteren Denken immer deutlicher geworden ist, daß eine letzte Undurchsichtigkeit das eigentliche Wesen der Geschichte und des menschlichen Geschicks ausmacht.

Man könnte noch lange fortfahren, wenn man die verschiedensten Motive, die in diesem Manuskript jetzt vor uns ausgebreitet werden, im Lichte von Heideggers späterem Denken und in ihren Wirkungen zeigen wollte. Was mir im Ganzen am meisten auffiel, ist das Übergewicht des ontologischen Interesses, das sich auch noch in der gesamten Phronesis-Analyse zeigt, so daß der Begriff »Ethos« in der Programmschrift überhaupt kaum eigens erwähnt wird. Ethos ist aber gerade das, was nicht Erhellung ist, sondern Gewöhnung. Die Gewöhnung hat Heidegger gewiß in seiner Analyse der Faktizität des Lebens als konstitutiv erkannt, aber als die Verfallensgeneigtheit des Lebens charakterisiert. Sie erscheint daher weniger in der Erhellung des Daseins, als in seiner Verstellung und Verdunkelung, gegen die sich die Anstrengung des Denkens richten muß, um. sich selbst durchsichtig zu werden. Man sieht, wie Heidegger seinen Weg mit Konsequenz verfolgt, wenn er aus Aristoteles und mit aristotelischen Mitteln immer wieder ins Licht zu stellen sucht, wie die Faktizität des menschlichen Lebens hinter dem von Aristoteles eröffneten Denken der Metaphysik steht. Die wahre Mitte des aristotelischen Denkens bildet für Heidegger die *Physik*. Sie hat das Sein der Bewegtheit zum Thema und nicht die platonisch-pythagoreische »Idealität« der mathematischen Ordnungsgesetzlichkeiten. Das Sein der Bewegtheit stellt den Leitfaden dar. Im Begriff der Energeia, dem Sein im Vollzug, sind die Hinsichten des Herstellens und des Handelns bestimmend. Sein ist Hergestelltsein, und Telos meint nicht Ziel, sondern Fertigsein, Reifsein, Dasein. Die Spannung des Ganzen verdichtet sich daher in der Problematik der Phänomenologie des Zeitbewußtseins unter dem zeitlichen Charakter aller menschlichen Daseinserfahrung. Physis und Logos sind beide, als das Aufgehen in das »Da«, in der Unverborgenheit der Aletheia vereinigt.

Es liegt in den besonderen Umständen, in denen sich der junge Heidegger befand, als er aus der katholisch-theologischen Fakultät in die philosophische übergetreten war, daß er die damals führenden Philosophen, Husserl und Natorp, in seinen Aristoteles-Studien davon überzeugen wollte, daß Aristoteles ein Phänomenologe war, der die Sachen selber im Blick hatte. Gegenüber der christlichen Rezeption des Aristoteles, und insbesondere gegenüber der katholischen Theologie seiner Zeit, suchte er daher Abstand zu nehmen. So tritt sein eigenstes Anliegen und sein Bestreben um Lebenserhellung in die Auseinandersetzung mit der zeitgenössischen Neuscholastik und bald auch mit der protestantischen Theologie. Beidem gegenüber ging es ihm um die Vorbereitung der Seinsfrage. Diese ontologische Frage steht im Hintergrund, die den Zusammenhang von »Sein und Zeit« zum Thema macht, und vollends, wenn unsere Programmschrift an der aristotelischen *Physik* und *Metaphysik* den Zeitcharakter der Bewegtheit herausarbeitet. Es ist ein kritisches Motiv darin, das Heidegger schon damals leitet, aber es verspricht zugleich die Aporien des Historismus und Relativismus zu überwinden. So steht in Wahrheit hinter seiner Aristoteles-Aneignung der eschatologische Aspekt der christlichen Botschaft und der ausgezeichnete Zeitcharakter des Augenblicks. Die Bekümmerung, die aus der Faktizität seines eigenen Daseins aufstieg, die er von Jugend an festhielt, stellte einen ersten, entscheidenden Schritt seines Denkweges dar, den wir in unserem Manuskript vor unseren Augen sich entfalten sehen.

NACHWORT DES HERAUSGEBERS

Die als sogenannter »Natorp-Bericht« bekannt gewordene Ausarbeitung Heideggers entstand in Zusammenhang mit der Wiederbesetzung zweier philosophischer Extraordinariate in Marburg und Göttingen im Jahre 1922. Sowohl für die Nachfolge Nicolai Hartmanns in Marburg, der dort nun das durch die Emeritierung Paul Natorps vakant gewordene Ordinariat innehatte, als auch für die ehemals von Edmund Husserl besetzte Professur in Göttingen (der Dilthey-Schüler Herman Nohl, seit 1919 Inhaber des Extraordinariates, übernahm dort 1922 ein neu geschaffenes Ordinariat für Philosophie und Pädagogik) war Heidegger als aussichtsreicher Kandidat im Gespräch. Für die Berufung der vakanten Professuren hatten sich Paul Natorp[1] und Georg Misch[2] jeweils mit der brieflichen Bitte an ihren Freiburger Kollegen Husserl gewandt, ihnen einen eingehenden Bericht über die Vorlesungstätigkeit, Ausarbeitungen und nächsten Publikationspläne – wie Natorp wünschte, möglichst schon »in Druckbogen oder druckfähigem Manuskript« – seines Assistenten Heidegger vorzulegen. Nicht nur die zunehmende Schätzung Husserls[3], sondern auch die Kunde von Hörern seiner Freiburger Dozenten-Vorlesungen, besonders über die Bemühung, »die phänomenologische Methode grade auf Geschichte der Philos<ophie> (z. B. Aristoteles u[nd] Mittelalter) anzu-

---

[1] Brief an Husserl vom 22. September 1922. In: Edmund Husserl, Briefwechsel. (10 Bde.) In Verbindung mit Elisabeth Schuhmann hg. von Karl Schuhmann. Dordrecht/Boston/London 1994. Bd. V: Die Neukantianer, S. 158 f. (Im folgenden zitiert: Husserl, Briefwechsel. In eckige Klammern gesetzte Zusätze stammen vom Herausgeber und Verfasser des Nachworts, in Keilklammern gesetzte Zusätze dagegen vom Herausgeber der zitierten Briefe.)
[2] Brief an Husserl vom 28. Mai 1922. In: Husserl, Briefwechsel Bd. VI: Philosophenbriefe, S. 272 f., vgl. S. 503 (Textkritischer Anhang).
[3] Vgl. z. B. dessen Briefe an Natorp vom 8. Oktober 1917, 11. Februar 1920 und 1. Februar 1922. In: Husserl, Briefwechsel Bd. V, S. 131 f., 139 f. und 150 f.

wenden u[nd] sie dadurch auf sichere Fundamente zu stützen«[4], haben schon früh auf Heidegger aufmerksam gemacht. Berühmt geworden ist die von Hannah Arendt geprägte Wendung, daß Heideggers Name aufgrund der von Hand zu Hand gehenden Kollegnachschriften »durch ganz Deutschland [reiste] wie das Gerücht vom heimlichen König«.[5] Ein mögliches Hindernis für eine Berufung lag allerdings darin, daß er noch wenig publiziert hatte, sich die Forschungen noch nicht, wie Natorp anmerkte, in »greifbare[n] Unterlagen«, die man doch »bes<onders> der Fakultät gegenüber brauchte«[6], niedergeschlagen hatten. Heidegger hatte seit seiner Habilitationsschrift über »Die Kategorien- und Bedeutungslehre des Duns Scotus« (Tübingen 1916) und seiner ebenfalls 1916 erschienenen Probevorlesung »Der Zeitbegriff in der Geschichtswissenschaft«, die er am 27. Juli 1915 vor der Philosophischen Fakultät der Universität Freiburg i. Br. zur Erlangung der Venia legendi gehalten hat, nichts mehr veröffentlicht.[7]

In der von Heidegger selbst als »Aristoteles-Einleitung« oder nur als »Einleitung« bezeichneten Ausarbeitung für die Mar-

---

[4] Husserl, Briefwechsel Bd. V, S. 158.
[5] Hannah Arendt, Martin Heidegger ist achtzig Jahre alt. In: Antwort. Martin Heidegger im Gespräch. Hg. von Günther Neske und Emil Kettering. Pfullingen 1988, S. 232–246; hier S. 232f.
[6] Husserl, Briefwechsel Bd. V, S. 159. In seinem Brief an Karl Jaspers vom 19. November 1922 befürchtet Heidegger selbst, daß sein Freiburger Kollege und Konkurrent in Marburg, Richard Kroner, »wohl an erster Stelle« auf der Berufungsliste stehen wird: »er ist ›der Ältere‹, und vor allem das viele Papier« (Martin Heidegger/Karl Jaspers, Briefwechsel 1920–1963. Hg. von Walter Biemel und Hans Saner. Frankfurt a. M. und München/Zürich 1990, S. 34). (Im folgenden zitiert: Heidegger/Jaspers, Briefwechsel.) Vgl. auch Husserl, Briefwechsel Bd. II: Die Münchener Phänomenologen, S. 110 (Moritz Geiger an Husserl, 9. August 1922).
[7] Wiederabdruck der beiden Texte in: Martin Heidegger, Frühe Schriften. Hg. von Friedrich-Wilhelm von Herrmann. Gesamtausgabe Bd. 1. Frankfurt a. M. 1978, S. 189–433. Das Interesse Natorps an Heideggers Buch über Duns Scotus verdeutlicht ein vierseitiges Manuskript mit Notizen (Natorp-Archiv der Universitätsbibliothek Marburg, Ms. 831; vgl. auch Husserl, Briefwechsel Bd. V, S. 131).

burger und die Göttinger Philosophische Fakultät berichtet er über methodischen Ansatz, Stand und Richtung seiner Aristoteles-Studien, die unter dem Titel »Phänomenologische Interpretationen zu Aristoteles« als grundlegendes großes Werk im VII. und wohl auch VIII. Band des von Husserl herausgegebenen »Jahrbuchs für Philosophie und phänomenologische Forschung« ab dem Erscheinungsjahr 1924 im Verlag von Max Niemeyer in Halle a. d. S. veröffentlicht werden sollten.[8] Das geplante Aristoteles-Buch hat er dann aber gegen Ende 1924 aufgegeben.[9]

Erste Arbeiten an der »Einleitung« zu der geplanten Publikation begannen schon während des Sommers 1922. Bei seinem achttägigen Besuch bei Karl Jaspers in Heidelberg (bis etwa Mitte September) las ihm Heidegger bereits einige Seiten aus einem Manuskript vor. Jaspers »drängte auf natürliche Ausdrucksweise«.[10] Von der konkreten Entstehung der »Übersicht« für die Fakultäten berichtet Heidegger selbst in mehreren Briefen. Nach der Rückkehr von seinem Besuch bei Jaspers erhielt er am 26. September 1922 eine Karte Husserls mit der Bitte, umgehend zu ihm zu kommen.[11] Bei dem dann erfolg-

---

[8] Vgl. Husserl, Briefwechsel Bd. III: Die Göttinger Schule, S. 217 (Husserl an Roman Ingarden, 14. Dezember 1922); ferner Hans-Georg Gadamer, Gesammelte Werke Bd. 3: Neuere Philosophie I. Hegel, Husserl, Heidegger. Tübingen 1987, S. 286, vgl. auch S. 199, 263, 313, 396; ders., Heideggers »theologische« Jugendschrift. In: Dilthey-Jahrbuch für Philosophie und Geschichte der Geisteswissenschaften 6 (1989), S. 228–234, bes. S. 230 (Der Text ist der vorliegenden Ausgabe beigefügt: S. 67–75, bes. S. 69 f.).

[9] Aufschluß über die mehrfachen Entwürfe zur »Einleitung« und das geplante Aristoteles-Buch geben auch die (unveröffentlichten) Briefe an Karl Löwith vom 20. September 1922 bis zum 17. Dezember 1924. (Unveröffentlichte Briefe Heideggers sämtlich aus dessen Nachlaß in der Handschriftenabteilung des Deutschen Literaturarchivs Marbach a. N.)

[10] Karl Jaspers, Philosophische Autobiographie. Erw. Neuausg. München 1977, S. 98.

[11] Darüber berichtet Heidegger in einem (unveröffentlichten) Brief an den Freiburger Musikwissenschaftler Willibald Gurlitt vom 27. September 1922. Wie diesem Schreiben, der Mitteilung an Jaspers vom 19. November 1922 (Heidegger/Jaspers, Briefwechsel, S. 33 f.) und einem (unveröffentlichten) Brief an Karl Löwith vom 22. November 1922 zu entnehmen ist, war er durch Husserl

ten Gespräch las Husserl ihm »einen langen Brief von Natorp vor«.[12] Den erwünschten Bericht hat er — wohl unmittelbar nach der Benachrichtigung durch Husserl — innerhalb von drei Wochen verfaßt. In seinem Brief an Jaspers vom 19. November 1922 berichtet er: »Als ich hierher zurückkam, erwartete mich Husserl mit der Nachricht, man habe in Marburg von meinen Aristotelesvorlesungen und so fort Kunde; Natorp wünsche eine konkrete Orientierung über meine geplanten Arbeiten. Darauf setzte ich mich drei Wochen hin und exzerpierte mich selbst und schrieb dabei eine ›Einleitung‹; das Ganze diktierte ich dann (60 Seiten) und schickte durch Husserl je ein Exemplar nach Marburg und Göttingen.«[13]

Der Sendung eines Exemplars des Typoskripts der »Aristoteles-Einleitung« durch Husserl nach Göttingen an Georg Misch, den Schüler und Schwiegersohn Wilhelm Diltheys, war eine maschinenschriftliche Fassung der für die »Göttinger gelehrten Anzeigen« vorgesehenen »Anmerkungen« zu Karl Jaspers' »Psychologie der Weltanschauungen« beigefügt, die aber erst 1973 in dem von Hans Saner zum 90. Geburtstag herausgegebenen Sammelband »Karl Jaspers in der Diskussion« veröffentlicht wurde.[14] Bereits am 2. November 1922 verabschiedete die Philosophische Fakultät der Georg-August-Universität zu Göttingen die Berufungsliste.[15]

über die brieflichen Mitteilungen Natorps und Mischs im Zusammenhang der Berufungen sehr genau informiert.

[12] Brief Heideggers an Gurlitt vom 27. September 1922 (unveröffentlicht). Bei dem erwähnten Brief Natorps muß es sich um den bereits genannten Brief an Husserl vom 22. September 1922 handeln (Husserl, Briefwechsel Bd. V, S. 155–159).

[13] Heidegger/Jaspers, Briefwechsel, S. 33 f.

[14] Wiederabdruck in: Martin Heidegger, Wegmarken. Hg. von Friedrich-Wilhelm von Herrmann. Gesamtausgabe Bd. 9. 2., durchges. Aufl. Frankfurt a. M. 1996, S. 1–44.

[15] Das »Gutachten der Philosophischen Fakultät vom 2.11.1922«, das Misch als Dekan verfaßte, ist ungekürzt abgedruckt im Nachwort des Herausgebers Hans-Ulrich Lessing zur Erstveröffentlichung der »Aristoteles-Einleitung« im »Dilthey-Jahrbuch« (Bd. 6 (1989), S. 270–274; hier S. 272). Zur Rekonstruktion der Entstehungsgeschichte von Heideggers Ausarbeitung (die aufgrund der

Moritz Geiger, der das Extraordinariat auch erhielt, stand an erster Stelle, gefolgt von Heidegger an zweiter Stelle und drei Privatdozenten, die gleichrangig an dritter Stelle nominiert wurden: Julius Stenzel, Hans Freyer und Erich Rothacker. Den zweiten Listenplatz in Göttingen wertete Heidegger in dem bereits genannten Brief an Jaspers als »Erfolg« und berichtete zugleich, daß in Marburg »nun die Arbeit auch eingeschlagen« hat.[16]

Für das im Jahre 1908 errichtete Marburger Extraordinariat für Philosophie und den Wunsch, die aufgrund der Festlegung der beiden Ordinariate entstandene »empfindliche Lücke« im Bereich der Geschichte der Philosophie, vor allem des Mittelalters, abzudecken und zugleich die Phänomenologie zu vertreten, hatte Heidegger bereits früh das Interesse Natorps erweckt. Für die Wiederbesetzung der durch den Weggang Georg Mischs nach Göttingen frei gewordenen Professur kam Heidegger, wie Natorp am 7. Oktober 1917 an Husserl schrieb, für ihn »weit an erster Stelle« in Betracht.[17] In der Berufungsliste für das Extraordinariat kam er dann allerdings nur auf den dritten Platz und »in einigem Abstand von den beiden andern«, Friedrich Kuntze und Max Wundt, »wegen seiner Jugend u[nd] des begrenzteren Arbeitsfeldes«.[18] Nachfolger Mischs auf dem Marburger Extraordinariat wurde Max Wundt. Bei der schon 1920 durch dessen Wechsel nach Jena anstehenden Wiederbesetzung wurde Heideggers Name »noch mit mehr Nachdruck« wiederum an dritter Stelle hinter Hermann Leser und Nicolai Hartmann genannt.[19] Nachfolger Wundts wurde der an erster Stelle empfohlene Hartmann. Mit der Ernennung Hartmanns zum Nachfolger Natorps

---

erschienenen Briefausgaben heute deutlicher vor uns liegt) vgl. die von Lessing gegebenen Literaturhinweise (ebd., S. 270, Anm. 1), insbes. Theodore J. Kisiel, The Missing Link in the Early Heidegger. In: Hermeneutic Phenomenology: Lectures and Essays. Hg. von Joseph J. Kockelmans. Washington, D. C. 1988, S. 1–40.

[16] Heidegger/Jaspers, Briefwechsel, S. 34.
[17] Husserl, Briefwechsel Bd. V, S. 130.
[18] Ebd., S. 132 (Natorp an Husserl, 15. Oktober 1917).
[19] Vgl. ebd., S. 141 (Natorp an Husserl, 21. März 1920).

wurde, wie bereits erwähnt, das Extraordinariat 1922 erneut vakant. Neben dem Typoskript waren der Marburger Sendung auch handschriftliche Stücke der Aristoteles-Vorlesung vom Sommersemester 1922 beigefügt.[20] Den nachhaltigen Eindruck, den Heideggers »Auszug« bei Natorp wie auch bei Hartmann hinterlassen hat, bezeugen Natorps Briefe an Husserl vom 30. Oktober und 9. November 1922.[21] Die Bedeutung von Heideggers Ausarbeitung für die dann erfolgte Berufung nach Marburg läßt sich daran ermessen, daß sie die Erwartungen voll und ganz erfüllte, die neben Husserls Empfehlung auch die Berichte von Marburger Hörern seiner Freiburger Vorlesungen geweckt hatten. Besondere Betonung fanden »eine nicht alltägliche Originalität, Tiefe u[nd] Strenge« des Textes.[22] Vor allem »die Originalität seines Vorgehens« innerhalb der phänomenologischen Bewegung hat auch bei Natorps Kollegen »starkes Interesse« hervorgerufen.[23] Folgerichtig wurde Heidegger in der am

---

[20] Nach dem (unveröffentlichten) Brief Heideggers an Löwith vom 22. November 1922. Zur Vorlesung vgl. Martin Heidegger, Phänomenologische Interpretationen ausgewählter Abhandlungen des Aristoteles zur Ontologie und Logik. Frühe Freiburger Vorlesung Sommersemester 1922. Hg. von Günther Neumann. Gesamtausgabe Bd. 62. Frankfurt a. M. 2005.

[21] Husserl, Briefwechsel Bd. V, S. 160–163.

[22] Ebd., S. 161. Zum Vergleich sei auf Natorps noch zum Jahresbeginn brieflich gegenüber Husserl geäußerte »Sorge« verwiesen, ob Heidegger, der »als *Phänomenologe* bisher nichts vorgelegt« hat, »nicht mehr anschmiegend und verständnisvoll aufnehmend u[nd] in der Richtung der erhaltenen Anstöße dann – gewiß förderlich – weitergebend, als aus ursprünglicher eigenster Produktivität heraus schaffend sei« (ebd., S. 145 (Brief vom 29. Januar 1922)). Husserls Antwort vom 1. Februar 1922 ist unmittelbar gegen Natorps Bedenken gerichtet: »Seine *receptiven* Fähigkeiten sind *gering*, er ist das äußerste Gegentheil von anschmiegsam. Eine *ganz originelle* Persönlichkeit, ringend, sich selbst u[nd] die eigengegründete Art suchend und mühsam gestaltend. Seine Weise phänomenologisch zu sehen, zu arbeiten und das Feld seiner Interessen selbst – nichts davon ist bloß von mir übernommen, sondern bodenständig in seiner eigenen Ursprünglichkeit. Er hat als Lehrer eine völlig eigene Wirkung neben der meinen, und wohl eine eben so starke.« (Ebd., S. 150)

[23] Ebd., S. 163. Vgl. dazu auch den von Hartmann verfaßten Schlußbericht der Berufungskommission (in englischer Übersetzung abgedruckt in: Theodore J. Kisiel, The Missing Link in the Early Heidegger (s. Anm. 15), S. 15 f.).

12. Dezember 1922 verabschiedeten Berufungsliste an die erste Stelle gesetzt, gefolgt von Heinz Heimsoeth an zweiter Stelle. Heideggers Freiburger Konkurrent Richard Kroner folgte sogar erst auf dem dritten Listenplatz.[24] Der Ruf nach Marburg auf das »Extraordinariat mit Stellung und Rechten eines Ordinarius« erreichte ihn per Post am 18. Juni 1923.[25] Seine Professur an der Philipps-Universität zu Marburg trat er zum Wintersemester 1923/24 an.[26]

*

Wie einer brieflichen Äußerung Heideggers zu entnehmen ist, hat die Frau seines Freiburger Kollegen und späteren Professors für Philosophie in Rostock und Marburg, Julius Ebbinghaus, die Ausarbeitung für die Marburger und die Göttinger Philosophische Fakultät für ihn getippt: »Ebbinghaus hat meine ›Aristoteles-Einleitung‹ gelesen, seine Frau hat sie getippt.«[27] Julius Ebbinghaus kam auch von der Thematik her als Gesprächspartner in Betracht, da zu dem freundschaftlich geprägten Austausch der beiden Freiburger Privatdozenten insbesondere auch

---

[24] Vgl. Heidegger/Jaspers, Briefwechsel, S. 34 und 40 f. (Heidegger an Jaspers, 19. November 1922 und 14. Juli 1923).

[25] Vgl. Heideggers Brief an Jaspers vom 19. Juni 1923. In: Heidegger/Jaspers, Briefwechsel, S. 37. Wie schon sein Vorgänger Hartmann, der 1921 zum »persönlichen Ordinarius« ernannt worden war, wurde auch Heidegger ad personam als ordentlicher Professor auf das Extraordinariat berufen, das – wie Natorp am 23. März 1922 an Husserl schreibt – »nach der heutigen Auffassung in Preußen eigentlich nur dem Gehalt nach den beiden [etatsmäßigen] Ordinariaten nicht gleichsteht« (Husserl, Briefwechsel Bd. V, S. 153).

[26] Zum Jubiläumsjahr der Universität verfaßte Heidegger selbst eine Studie »Zur Geschichte des philosophischen Lehrstuhles seit 1866« (in: H. Hermelink/S. A. Kaehler, Die Philipps-Universität zu Marburg 1527–1927. Marburg 1927, S. 681–687; zur Geschichte des Extraordinariates vgl. ebd., S. 687; wiederabgedruckt in: Martin Heidegger, Kant und das Problem der Metaphysik. Hg. von Friedrich-Wilhelm von Herrmann. Gesamtausgabe Bd. 3. Frankfurt a. M. 1991, S. 304–311).

[27] Brief an Karl Löwith vom 22. November 1922 (unveröffentlicht).

religionsphilosophische Themen gehörten.[28] Es ist anzunehmen, daß der Text in einem handschriftlichen Entwurf vorlag, aus dem er an Franziska Ebbinghaus (geb. Schragmüller) diktierte und dabei noch gewisse Änderungen und Überarbeitungen vornahm.[29] Es handelt sich um ein durchnumeriertes einundfünfzigseitiges Typoskript vom Format 33 × 21 cm, dessen Text auf der ersten Seite beginnt (ohne Deckblatt).

Für den hier editierten Text lag das Typoskript in zwei verschiedenen Exemplaren vor. Primäre Textgrundlage dieser Edition ist eine zur Verfügung stehende Fotokopie des im Besitz Heideggers verbliebenen Original-Typoskripts (im folgenden bezeichnet als Heidegger-Typoskript), dessen zunächst für verschollen gehaltene zweite Hälfte (d. h. die Abschnitte zur »Nikomachischen Ethik«, »Metaphysik« und »Physik«, vgl. in der

---

[28] Zu den gemeinsamen Abenden gehörte eine Zeitlang auch die Lektüre in Luthers reformatorischen Schriften. Vgl. dazu Ebbinghaus' Beitrag in: Philosophie in Selbstdarstellungen. Hg. von Ludwig J. Pongratz. Bd. III. Hamburg 1977, S. 1–59; hier S. 30 f., bes. S. 33 (vgl. auch Heideggers kritisches Exzerpt zu Ebbinghaus' Habilitationsschrift, in: Martin Heidegger, Phänomenologische Interpretationen zu Aristoteles. Einführung in die phänomenologische Forschung. Frühe Freiburger Vorlesung Wintersemester 1921/22. Hg. von Walter Bröcker und Käte Bröcker-Oltmanns. Gesamtausgabe Bd. 61. 2., durchges. Aufl. Frankfurt a. M. 1994, S. 198 f.). Im Sommersemester 1923 veranstaltete dann Heidegger gemeinsam mit Ebbinghaus in Freiburg ein »Sonnabendseminar« über die theologischen Grundlagen von Kant, »Religion innerhalb der Grenzen der bloßen Vernunft« (vgl. Hans-Georg Gadamer, Gesammelte Werke Bd. 10: Hermeneutik im Rückblick. Tübingen 1995, S. 4; William J. Richardson, Heidegger. Through Phenomenology to Thought. The Hague 1963, S. 664 (Appendix)).

[29] Vgl. die im Nachwort (vorliegende Ausgabe S. 80) bereits zitierte Textstelle aus dem Brief an Karl Jaspers. Zum Abschnitt »Anzeige der hermeneutischen Situation« wurde das erste handschriftliche Blatt, zum Abschnitt »Ethica Nicomachea VI« das (vermutlich) vorletzte handschriftliche Blatt und ferner das den gesamten Abschnitt »Metaphysica A 1 und 2« umfassende handschriftliche Blatt aufgefunden (in der vorliegenden Ausgabe S. 346–350, S. 382–385 und S. 387–390 nach der mit angegebenen Originalpaginierung von Band 62 der Gesamtausgabe). Diese handschriftlich erhaltenen Textstellen stimmen bis auf einige Ergänzungen und Änderungen der Formulierung weitestgehend mit dem Typoskript überein.

vorliegenden Ausgabe S. 376 ff.[30]) Anfang der neunziger Jahre im Zuge der eingehenden Sichtung des Nachlasses in der Handschriftenabteilung des Deutschen Literaturarchivs in Marbach a. N. durch den Nachlaßverwalter wiederaufgefunden worden war. Die Seiten 23 bis 27, 33 und 40 des Heidegger-Typoskripts waren jedoch nicht mehr auffindbar. Auf den vorhandenen Blättern finden sich eine Vielzahl von handschriftlichen Korrekturen, Zusätzen, ergänzenden Erläuterungen und Randbemerkungen in der Handschrift Heideggers sowie Unterstreichungen. Da die griechischen Buchstaben, Termini und Zitate nicht getippt werden konnten, hat Heidegger diese in die im Typoskript freigelassenen Zwischenräume nachträglich mit der Hand selbst eingetragen.[31] Zusätzlich liegt ein handschriftliches Vorblatt mit der Überschrift »Zu Einleitung« vor (vgl. in der vorliegenden Ausgabe S. 345 f.).

Bei dem anderen Exemplar handelt es sich um das an Georg Misch gesandte Typoskript auf Durchschlagpapier (im folgenden bezeichnet als Misch-Typoskript), von dem eine Fotokopie zur Verfügung stand.[32] Dieses Exemplar des Typoskripts lag schon der Erstveröffentlichung durch Hans-Ulrich Lessing im Jahre von Heideggers 100. Geburtstag (1989) im Band 6 des »Dilthey-Jahrbuchs für Philosophie und Geschichte der Geisteswissenschaften« (S. 235–274) zugrunde. Vom Schicksal des als

---

[30] Seitenabgaben der vorliegenden Ausgabe im folgenden immer nach der mit angegebenen Originalpaginierung der Martin Heidegger Gesamtausgabe (Bd. 62).

[31] Auf das Problem mit dem griechischen Text hat Heidegger in seinem (unveröffentlichten) Brief an Willibald Gurlitt vom 27. September 1922 selbst hingewiesen: Das Tippen »ist nur umständlich, da immer Griechisch im Text steht«.

[32] Das an Natorp gesandte Exemplar des Typoskripts (mit vielen handschriftlichen Zusätzen) hat nach eigener Auskunft Hans-Georg Gadamer von diesem erhalten (allerdings nur den Abschnitt »Anzeige der hermeneutischen Situation«, in der vorliegenden Ausgabe S. 346–375) und ist den Kriegszerstörungen (in Leipzig 1943) zum Opfer gefallen (vgl. Hans-Georg Gadamer, Heideggers »theologische« Jugendschrift, in der vorliegenden Ausgabe S. 67 ff., bes. S. 68; ders., Gesammelte Werke Bd. 10. Tübingen 1995, S. 4, 18 f., 32 f.).

verschollen geltenden Typoskripts berichtet Lessing in seinem Nachwort (S. 273). Misch schenkte das ihm zugesandte Exemplar seinem Schüler Josef König zu dessen 71. Geburtstag am 24. Februar 1964. In dessen Nachlaß in der Handschriftenabteilung der Niedersächsischen Staats- und Universitätsbibliothek Göttingen wurde es dann zusammen mit dem Typoskript der Jaspers-Rezension wiederaufgefunden. In diesem Typoskript finden sich neben den von Heidegger selbst handschriftlich eingefügten griechischen Textstellen und einer längeren handschriftlichen Fußnote (in der vorliegenden Ausgabe S. 357, Anm. 39) nur noch eine relativ geringe Zahl kleinerer handschriftlicher Korrekturen und Einfügungen, die er in schwarzer Tinte vorgenommen hat. Die am Rand befindlichen Stichwörter in Bleistift, gelegentlich auch im Text, sowie eine Vielzahl von Unterstreichungen stammen aus der Hand Mischs und blieben daher unberücksichtigt.

Da das Heidegger-Typoskript dagegen neben den zahlreichen, zumeist längeren Randbemerkungen auch eine große Zahl von handschriftlichen Bearbeitungen Heideggers aufweist, wurde dieses Exemplar als Textgrundlage zur Erstellung der vorliegenden Edition herangezogen. Die fehlenden Blätter wurden aus dem Misch-Typoskript übernommen.

Bezüglich der von Heidegger vorgenommenen handschriftlichen Eintragungen in das Heidegger-Typoskript lassen sich folgende Unterscheidungen treffen. Zunächst gibt es deutlich mit Tinte geschriebene Korrekturen von zum Teil offensichtlichen Fehlern des maschinenschriftlichen Textes, die sich in den meisten Fällen auch im Misch-Typoskript befinden und auf ein frühes Korrekturlesen des diktierten Textes schließen lassen. Diese wurden stillschweigend übernommen. Daneben gibt es nur im Heidegger-Typoskript stehende und zumeist in (alter) deutscher Handschrift verfaßte kürzere handschriftliche Einfügungen oder Zusätze zum Text, die nach Möglichkeit in den fortlaufenden Text eingebaut wurden (mit einem entsprechenden Hinweis in den Anmerkungen). Zusätze und erläuternde Hinweise, die nicht in den Text integriert werden konnten, und die zumeist längeren Randbemerkungen, ebenfalls in deutscher Schrift und an wenigen Stellen auch in Stenographie, wurden in die Anmerkungen aufgenommen.

Alle im Typoskript zur Hervorhebung gesperrt gesetzten Textstellen wurden durch Kursivsatz übernommen. Ebenfalls durch Kursivsatz hervorgehoben wurden die deutlich mit Tinte (teilweise mit Lineal) unterstrichenen Textstellen des Heidegger-Typoskripts, reine Lese- bzw. Betonungsunterstreichungen wurden jedoch nicht übernommen. Offenkundige Fehler in Orthographie und Interpunktion sowie eindeutige Versehen oder Inkonsequenzen bei der Textgestaltung (z.B. fehlende Anführungszeichen) wurden stillschweigend korrigiert. Dagegen wurden alle Eigentümlichkeiten der Schreibweise (Substantivierung präpositionaler Wendungen, zusammengesetzte Termini, Anlehnungen an das Griechische), wie sie für das Denken Heideggers zu dieser Zeit charakteristisch sind, unverändert übernommen. Eckige Klammern in Zitaten bezeichnen Zusätze und Erläuterungen Heideggers, außerhalb von Zitaten Konjekturen des Herausgebers. In den Anmerkungen bezeichnen eckige Klammern Hinweise und Erläuterungen des Herausgebers. Die griechischen Zitate wurden anhand der von Heidegger benutzten Handexemplare (Teubner-Ausgaben des Aristoteles, Leipzig)[35] überprüft, geringfügige Abweichungen in Orthographie, Interpunktion und Stellenangabe wurden stillschweigend korrigiert. Auslassungen Heideggers in den Originalzitaten sind durch in eckige Klammern gesetzte Auslassungspunkte gekennzeichnet. Bei nicht wörtlicher Zitation ist der Stellenangabe der Zusatz »vgl.« vorangestellt. Nicht entzifferbare Worte der Handschrift sind durch entsprechende Hinweise in den Anmerkungen kenntlich gemacht, fragliche Lesarten sind mit einem in eckige Klammern gesetzten Fragezeichen versehen.

---

[35] Eine Zusammenstellung findet sich in: Martin Heidegger, Platon: Sophistes. Marburger Vorlesung Wintersemester 1924/25. Hg. von Ingeborg Schüßler. Gesamtausgabe Bd. 19. Frankfurt a. M. 1992, S. 661.

Die besondere Bedeutung, die der Ausarbeitung vom Herbst 1922 für Heideggers Denkweg zukommt, ist auch mit dem inzwischen vollständigen Erscheinen der frühen Freiburger und der Marburger Vorlesungen im Rahmen der Gesamtausgabe keinesfalls hinfällig geworden. In der Schrift gelingt es ihm wie kaum zuvor, sein noch suchendes Denken auf die wesentlichen und prinzipiellen Probleme hin »zu konzentrieren«[34]. Wenn er auch die Aufzeichnungen seiner vorangegangenen Freiburger Dozenten-Vorlesungen[35] für die Abfassung der »Einleitung« zugrunde legte und sich selbst »exzerpierte« (vgl. in der vorliegenden Ausgabe S. 80), dann hat er dabei doch sein Denken vor allem methodisch entscheidend geschärft, um insbesondere mit der »Anzeige der hermeneutischen Situation« einen programmatischen Leitfaden für sein weiteres Philosophieren zu entfalten, das dann mit dem Erscheinen von »Sein und Zeit« im Frühjahr 1927 öffentlich bekannt geworden ist.

Die »einer Geschichte der Ontologie und Logik« (in der vorliegenden Ausgabe S. 346) dienenden Untersuchungen sind von dem Ziel geleitet, eine ausführliche Begründung dafür zu geben, warum man neu auf Aristoteles zurückgehen müsse, wenn man die abendländisch-christliche Geschichte in ihren produktiven Grunderfahrungsmöglichkeiten radikal verstehen und unsere eigene Lage in ihrem Herkunftscharakter durchsichtig machen und in einer lebendigen Gegenwart ursprünglich aneignen will.

---

[34] In einer brieflichen Mitteilung zu der geplanten »Einleitung« kündigt Heidegger an, »das Ganze noch mehr zu konzentrieren« (Brief an Karl Löwith, 20. September 1922, unveröffentlicht). Die Nachdrücklichkeit, mit der er dann an die Arbeit ging, läßt sich Äußerungen entnehmen wie: »sie [die »Einleitung«] ist nichts weniger und mehr als meine ›Existenz‹« (ebd.).

[35] Besonders die beiden unmittelbar voraufgegangenen Aristoteles-Vorlesungen: Martin Heidegger, Phänomenologische Interpretationen zu Aristoteles. Einführung in die phänomenologische Forschung. Frühe Freiburger Vorlesung Wintersemester 1921/22. Gesamtausgabe Bd. 61; Martin Heidegger, Phänomenologische Interpretationen ausgewählter Abhandlungen des Aristoteles zur Ontologie und Logik. Frühe Freiburger Vorlesung Sommersemester 1922. Gesamtausgabe Bd. 62.

Aufgabe des ersten Abschnittes »Anzeige der hermeneutischen Situation« (S. 346–375) ist es, *die Bedingungen des Auslegens und Verstehens* ursprünglich aufzuklären und in der philosophischen Forschung selbst auf dem Wege der destruktiven Auseinandersetzung mit ihrer Geschichte (»phänomenologische Destruktion«) explizit mit in den Ansatz zu nehmen. Die Klärung der »hermeneutischen Situation«, auf die jede Interpretation relativ ist, zentriert in der Problematik der Selbstauslegung des faktischen Lebens, deren prinzipielle philosophische Erforschung als »*die phänomenologische Hermeneutik der Faktizität*« (S. 364) bezeichnet wird. Die in dieser »Anzeige« der hermeneutischen Situation in den Blick gebrachten, aber »nicht konkret ausgezeichnet[en] und in ihren konstitutiven Verzahnungen gefaßt[en]« (S. 351) ontologischen Strukturen des Gegenstandes »faktische[s] menschliche[s] Dasein als solches« (ebd.) – wie das Sorgen und die schon immer irgendwie in Sorge genommene Welt (als Umwelt, Mitwelt und Selbstwelt), die Verfallensgeneigtheit, das »Wie« des den Tod Habens, die Möglichkeit der eigentlichen Bekümmerung um die Existenz (als Weisen der Zeitigung der faktischen Lebensbewegtheit) – deuten voraus auf die konkrete Ausarbeitung in der bekannten Daseinsanalytik von »Sein und Zeit«. Die das Sein des faktischen Lebens betreffende Problematik der Philosophie ist »*prinzipielle Ontologie*, so zwar«, wie es in einem wichtigen Nachsatz heißt, »daß die bestimmten einzelnen welthaften regionalen Ontologien von der Ontologie der Faktizität her Problemgrund und Problemsinn empfangen« (S. 364). Ist aber »das Sein des faktischen Lebens im jeweiligen Wie des Angesprochen- und Ausgelegtseins« Thema der Philosophie, dann heißt das, »Philosophie ist als Ontologie der Faktizität zugleich kategoriale Interpretation des Ansprechens und Auslegens, das heißt *Logik*« (ebd.). Daher müssen Ontologie *und* Logik in die »Ursprungseinheit der Faktizitätsproblematik« zurückgenommen werden (ebd.).

Die folgenden Abschnitte (S. 376 ff.) zur »Nikomachischen Ethik«, »Metaphysik« und »Physik« geben einen Aufriß der großangelegten Aristoteles-Studien. Sie sind von der Frage geleitet, wie die ontologischen Grundstrukturen als Explikate einer bestimmten Weise des Angesprochen- und Ausgelegtseins, nämlich als *Forschung*, ursprünglich erwachsen. Die phänomenologische Interpretation der Aristotelischen Philosophie stellt sich demnach zur Aufgabe, die Genesis und den Grundsinn überhaupt von Forschung als Vollzugsweise rein hinsehenden Vernehmens und den ursprünglichen Sinn des Wahrheitsbegriffes (ἀληθεύειν, ἀληθές – ψεῦδος) am Leitfaden der *Faktizitätsproblematik* zur Abhebung zu bringen. Zur konkreten Interpretation werden die zentralen ontologischen und logischen Strukturen und der Zusammenhang der Phänomene unter sich erörtert, in deren Horizont Forschung und theoretisches Erkennen als nur *eine* Weise der Umgangserhellung des faktischen Lebens zu verstehen sind. Als der prinzipiell neue Grundansatz des Aristoteles, aus dem seine Ontologie und Logik erwachsen, wird das Phänomen der *Bewegung*, dessen ontologisch kategoriale Explikation Thema der »Physik« ist, in die Vorhabe genommen.

*

Der Haupttext von Martin Heidegger (S. 11–65) wurde unverändert (reprographisch) aus Band 62 der Martin Heidegger Gesamtausgabe (S. 345–399) übernommen. Die an mehreren Stellen genannten »Beilagen« (S. 354, Anm. 26, S. 376, Anm. 1 und S. 378, Anm. 5) sind nur im Anhang der Gesamtausgabe abgedruckt und fehlen in der vorliegenden Ausgabe. Die in der vorliegenden Ausgabe nur in Kurzform angegebenen bibliographischen Hinweise (S. 365, Anm. 59 und S. 395, Anm. 5) lauten:

Edmund Husserl, Logische Untersuchungen. Zweiter Band: Untersuchungen zur Phänomenologie und Theorie der Erkenntnis. I. Teil. Halle a.d.S.: Niemeyer 1901; 2., umgearbeitete Aufl. 1913 (1984 nach den beiden Auflagen bei Martinus Nijhoff, The Hague/Boston/Lancaster, von Ursula Panzer als Band XIX/1 von »Edmund Husserls Gesammelten Werken – Husserliana« herausgegeben).

Simplicii in Aristotelis Physicorum libros quattuor priores commentaria. Edidit Hermannus Diels. (Commentaria in Aristotelem Graeca. Edita consilio et auctoritate Academiae Litterarum Regiae Borussicae. Vol. IX). Berolini typis et impensis G. Reimeri 1882.

Die (vom Duden abweichende) Silbentrennung »Heid-egger« erfolgte auf Wunsch des Nachlaßverwalters.

*

Mein besonderer Dank gilt Herrn Dr. Hartmut Tietjen für die von ihm angefertigte Transkription der handschriftlichen Stellen, die wertvollen Ratschläge zur Erstellung des Textes und die sorgsame Gesamtdurchsicht bei der Endredaktion. Herrn Dr. Hermann Heidegger, der mir die Herausgabe dieses Textes übertragen hat, danke ich für das mir gegenüber erwiesene Vertrauen und die Erlaubnis zur Zitation aus den noch unveröffentlichten Briefen Martin Heideggers an Willibald Gurlitt und Karl Löwith. Ihm, Herrn Prof. Dr. Friedrich-Wilhelm von Herrmann und Herrn Detlev Heidegger danke ich für die gemeinsam vollbrachte Entzifferung von Fehlstellen und fraglichen Lesarten. Dank schulde ich Herrn Dr. Robin D. Rollinger und Herrn Dr. Thomas Vongehr vom Husserl-Archiv der Universität Freiburg i. Br. für die Entzifferung der stenographischen Textstellen. Für die sorgsame Korrektur des Drucktextes gilt mein Dank Herrn Dr. Peter von Ruckteschell und wiederum Herrn Dr. Hermann Heidegger und Herrn Dr. Hartmut Tietjen. Herrn Prof. Dr. Hans-Ulrich Lessing (Bochum) schulde ich Dank für die zur Verfügung gestellte Fotokopie des im Nachlaß von Josef König wiederaufgefundenen Misch-Typoskripts.

Konstanz, im Spätsommer 2002
und erneut durchgesehen München
und Gauting, im Juni 2013   Günther Neumann

Martin Heidegger
Der Ursprung des Kunstwerks
Mit der „Einführung" von Hans-Georg Gadamer und der ersten Fassung des Textes (1935)
Hrsg. und mit einer editorischen Vorbemerkung von Friedrich-Wilhelm v. Herrmann
2012. X, 118 Seiten
ISBN 978-3-465-04163-4
Klostermann RoteReihe Band 48

Heideggers berühmte Abhandlung *Der Ursprung des Kunstwerks* (1936), einer der zentralen Texte der modernen philosophischen Ästhetik, erscheint hier als Einzelausgabe, ergänzt durch die erste Fassung *Vom Ursprung des Kunstwerks* (1935). Erst seit dem Erscheinen der *Beiträge zur Philosophie (Vom Ereignis)* ist der in der Kunstwerk-Abhandlung noch wissentlich „verschwiegene Quellbereich" zugänglich geworden, aus dem die Gedankengänge der Kunstwerk-Abhandlung erst zureichend nachvollzogen werden können. Sie enthält Heideggers Aufriss des aus dem Ereignis gedachten Wesensbaus der Kunst. Nicht nur von Philosophen, sondern auch von Kunsthistorikern und Künstlern wird *Der Ursprung des Kunstwerks* als ein Klassiker für die Besinnung auf das Wesen der Kunst geschätzt. Die Einführung von Hans-Georg Gadamer stellt die Abhandlung in ihren historischen Kontext und bestimmt ihren systematischen Ort im Werk Heideggers.

Vittorio Klostermann
Frankfurt am Main
Online: www.klostermann.de
E-Mail: verlag@klostermann.de

Heidegger und die Literatur
Antworten und Fragen

Herausgegeben von Günter Figal
und Ulrich Raulff
2010. 160 Seiten
ISBN 978-3-465-04134-4
Heidegger Forum Band 6
(zugleich: Schriftenreihe der
Martin-Heidegger-Gesellschaft Band 10)

Heideggers Lektüren literarischer Texte gehören für ihn zur Arbeit des Denkens. Entsprechend sind sie äußerst gründlich, manchmal von bohrender Intensität, selten ohne eigene Absichten. In der Dichtung sucht Heidegger, was das philosophische Denken nur indirekt sagen kann. So verweist er die Philosophie an die Dichtung und übersetzt lesend die Dichtung in die Philosophie. Kein Wunder also, dass seine eigenen Texte von Dichtern besonders aufmerksam gelesen wurden. Die Heidegger-Lektüren von Botho Strauß und Peter Handke spiegeln das philosophische Denken in und als Literatur. Der Band geht auf eine Tagung zurück, die im Jahr 2009 von der Martin-Heidegger-Gesellschaft in Zusammenarbeit mit dem Deutschen Literaturarchiv in Marbach veranstaltet wurde.

Vittorio Klostermann
Frankfurt am Main
Online: www.klostermann.de
E-Mail: verlag@klostermann.de

Heideggers Ursprung des Kunstwerks
Ein kooperativer Kommentar

Herausgegeben von David Espinet
und Tobias Keiling
2011. 300 Seiten
ISBN 978-3-465-04132-0
Heidegger Forum Band 5

Heideggers *Der Ursprung des Kunstwerks* ist einer der wichtigsten Beiträge zur philosophischen Ästhetik, zudem ein Schlüsseltext für Heideggers gesamtes Denken. Aber nicht ganz zu Unrecht gilt die Lektüre bei Studierenden und Anfängern im Denken Heideggers als schwierig. Dieser Band soll das Verständnis des Kunstwerkaufsatzes anleiten und erleichtern: In 18 Beiträgen stellen die Autoren in ihren Interpretationen die Grundgedanken und philosophischen sowie literarischen Quellen des Textes vor, verorten ihn in Heideggers Werk und skizzieren seine philosophische Wirkung. Dieser erste kooperative Kommentar zum Kunstwerkaufsatz schließt an das Vorwissen und die Interessen seiner Leser in vielerlei Hinsichten an, ermöglicht so einen leichteren Einstieg in die Lektüre und erschließt den Text aus verschiedenen Perspektiven der Philosophie und der Kunstwissenschaft.

Vittorio Klostermann
Frankfurt am Main
Online: www.klostermann.de
E-Mail: verlag@klostermann.de

Martin Heidegger
Erläuterungen zu Hölderlins Dichtung

7. Auflage 2012. 208 Seiten
ISBN 978-3-465-04140-5
Klostermann RoteReihe Band 44

Die *Erläuterungen zu Hölderlins Dichtung* stammen aus der Zeit von 1936 bis 1968. Im Vorwort zur zweiten Auflage der Einzelausgabe schreibt Heidegger: „Die Erläuterungen gehören in das Gespräch eines Denkens mit einem Dichten, dessen geschichtliche Einzigkeit niemals literarhistorisch bewiesen, in die jedoch durch das denkende Gespräch gewiesen werden kann." Dieses denkende Gespräch Heideggers mit der Dichtung Hölderlins setzte Anfang der dreißiger Jahre mit dem Beginn von Heideggers seinsgeschichtlichem Denken ein, auf dessen Ausarbeitungsweg Hölderlin als der Dichter, der, so Heidegger, „in die Zukunft weist", zum unablässigen Begleiter wurde. Heideggers Auseinandersetzung mit Hölderlin steht als die Begegnung eines Denkers mit einem Dichter einzigartig da. Noch 1966 erklärt Heidegger im berühmten „Spiegel-Gespräch", dass „mein Denken in einem unumgänglichen Bezug zur Dichtung Hölderlins" stehe.

Die Ausgabe enthält die Randbemerkungen aus Heideggers Handexemplaren und einen Anhang. Sie ist damit text- und seitenidentisch mit dem Band 4 der Gesamtausgabe.

RoteReihe Klostermann

Vittorio Klostermann
Frankfurt am Main
Online: www.klostermann.de
E-Mail: verlag@klostermann.de